AUTOREN
NATACHA ARNOULT, LENE KNUDSEN,
KEDA BLACK, SABRINA FAUDA-RÔLE,
ORATHAY SOUKSISAVANH

FOTOS VON
AKIKO IDA, VALÉRY GUEDES, RICHARD
BOUTIN, CHARLOTTE LASCÈVE,
DEIRDRE ROONY, PIERRE JAVELLE

SUPER EINFACH KOCHEN

MIT 3 - 6 ZUTATEN

Librero

Inhalt

TAPAS

Pikant geröstete Nüsse 1
Guacamole 2
Hummus 3
Olivenpaste mit Feigen und Minze 4
Thunfisch mit Crème Fraîche 5
Zaziki mit Granatapfel 6
Marinierter Mozzarella 7
Gefüllter Camembert 8
Brot mit Ziegenkäse und Pesto 9
Tortillas, Salsa und Feta 10

SUPPEN

Brokkoli und Ingwer 11
Tomaten, Oliven und Basilikum 12
Provenzalische Suppe 13
Lachs-Bouillon mit Tofu 14
Artischocken und Rucola 15
Spinat und Kiri® 16
Karotten und Äpfel 17
Pesto-Suppe 18
Thom kha gai 19
Sauerampfer und Basilikum 20
Suppe mit Karotten, Kokos und Ingwer 21
Zwiebelsuppe 22
Erbsensuppe 23
Korallenlinsen 24
Chinesische Suppe 25
Kokos-Phô 26
Nudeln, Erbsen und Eier 27
Chorizo und Zuckererbsen 28
Kürbis und Ravioli 29
Karotten und Klößchen 30
Miso-Suppe mit Champignons 31
Dorsch mit gelbem Curry 32
Phô mit Rindfleisch 33
Minestrone 34
Krebse, Nudeln und Dill 35
Ramen und Rüben 36
Wintersuppe 37

SALATE

Gurke, Erdbeeren und Ziegenkäse 38
Thai-Sellerie 39
Vollkornweizen, Rote Bete und Feta 40
Melone, Huhn und feta 41
Supersalat mit Hühnchen 42
Mango und Curry-Creme 43
Linsen, Rote Bete und Kürbis 44
Kichererbsen und Lachs 45
Schwarzer Reis, Kohl und Shrimps 46
Tahini-Sauce 47
Vinaigrette 48

GEMÜSE

Vollkornweizen, Karotten und Eier 49
Reis mit gebratenem Blumenkohl 50
Gefüllte Champignons 51
Grillgemüse mit Couscous 52
Polenta mit Champignons 53
Grenaille-Kartoffeln mit Spinat 54
Hokkaido-Kürbis und Linsen 55
Butternut-Kürbis, Nüsse und Blauschimmelkäse 56
Bulgur mit Kürbis und Blauschimmelkäse 57
Quinoa mit Linsen und Spinat 58
Karotten, Honig und Orange 59
Parmigiana 60
Blumenkohl mit Ziegenkäse und Schinken 61
Quinoa mit Würstchen und Äpfeln 62
Fenchel, Karotten und Zitrone 63
Rosenkohl und Butternut-Kürbis 64
Kartoffeln mit Artischocken und speck 65
Zucchini, Schinken und Käse 66
Rosenkohl mit Schinken 67
Kartoffeln mit Speck und Ei 68
Eintopf 69

NUDELN

Nudeln mit Zucchini und Minze 70
Zucchini, Pesto und Tomate 71
Gurke und Guacamole 72
Orecchiette mit Tomaten 73
Nudeln mit Thunfisch 74
Lachs-Farfalle mit Spinat 75
Express-Spaghetti 76
Spaghetti mit Ziegenkäse und Oliven 77
Linguine mit Sardinen 78
Nudeln mit Thunfisch, Kapern und Zitrone 79
Tagliatelle Carbonara 80
Spaghetti mit Mini-Frikadellen 81

CURRYS

Spinat-Curry 82
Grünes Curry mit Avocado 83
Indisches Gemüse 84
Miesmuscheln mit Curry 85
Rougail mit Tintenfisch 86
Grünes Curry mit Fisch 87
Curry mit Seeteufel und Zitronengras 88
Tikka Masala mit Lachs 89
Kalbs-Curry 90
Weiße Bohnen mit Chorizo 91

BURGER

Aubergine, Tomaten und Mozzarella 92
Falafel-Burger 93
Rote Bete und Hummus 94
Süßkartoffeln mit Bohnen 95
Fischstäbchen mit Kräuter-mayonnaise 96
Thunfisch mit Mayonnaise 97
Surf & Turf 98
Nuggets-Burger 99
Burger mit Zwiebelringen 100
Boeuf Teriyaki 101
Banh-mi-Burger 102
Entenbrust mit Parmesan 103

DAUERBRENNER

Hühnerfilet mit Senf ... 104
Putenfilet mit Avocado ... 105
Fisch „Tahiti" ... 106
Panierter Fisch ... 107
Gambas mit Tomaten ... 108
Steak mit Blauschimmelkäse ... 109
Schweinefleisch mit Ananas ... 110
Ente mit Süßkartoffeln ... 111
Rindfleisch mit Karotten ... 112
Chili con carne ... 113
Gebratenes Rindfleisch mit Sesam ... 114
Kalbsfleisch mit Oliven und Salzzitrone ... 115
Thai-Schweinefleisch ... 116
Mangold mit Tomaten ... 117

DESSERT

Pochierte Birnen mit Wein ... 118
Joghurt mit Honig und Früchten ... 119
Mango-Orangen-Salat ... 120
Bauerntarte mit Früchten ... 121
Rhabarber-Crumble ... 122
Karamellisierte Bananen ... 123
Tarte Tatin ... 124
Milchreis ... 125
Cremeschnitten mit Himbeeren ... 126
Äpfel im Mürbeteig ... 127
Cheesecakes ... 128
Sundae mit Erdbeeren ... 129

Übersicht

Vegetarisch, Fisch & Fleisch

VEGETARISCH

Pikant geröstete Nüsse 1
Guacamole 2
Hummus 3
Zaziki mit Granatapfel 6
Marinierter Mozzarella 7
Gefüllter Camembert 8
Brot mit Ziegenkäse und Pesto 9
Tortillas, Salsa und Feta 10
Tomaten, Oliven und Basilikum 12
Provenzalische Suppe 13
Artischocken und Rucola 15
Karotten und Äpfel 17
Pesto-Suppe 18
Sauerampfer und Basilikum 20
Suppe mit Karotten, Kokos und Ingwer 21
Korallenlinsen 24
Nudeln, Erbsen und Eier 27
Kürbis und Ravioli 29
Karotten und Klößchen 30
Miso-Suppe mit Champignons 31
Ramen und Rüben 36
Gurke, Erdbeeren und Ziegenkäse 38
Thai-Sellerie 39
Vollkornweizen, Rote Bete und Feta 40
Mango und Curry-Creme 43
Linsen, Rote Bete und Kürbis 44
Tahini-Sauce 47
Vinaigrette 48
Vollkornweizen, Karotten und Eier 49
Reis mit gebratenem Blumenkohl 50
Gefüllte Champignons 51
Grillgemüse mit Couscous 52
Polenta mit Champignons 53
Grenaille-Kartoffeln mit Spinat 54
Hokkaido-Kürbis und Linsen 55
Butternut-Kürbis, Nüsse und Blauschimmelkäse 56
Bulgur mit Kürbis und Blauschimmelkäse 57
Quinoa mit Linsen und Spinat 58
Karotten, Honig und Orange 59
Parmigiana 60
Fenchel, Karotten und Zitrone 63
Nudeln mit Zucchini und Minze 70
Zucchini, Pesto und Tomate 71
Gurke und Guacamole 72
Orecchiette mit Tomaten 73
Express-Spaghetti 76
Spaghetti mit Ziegenkäse und Oliven 77
Spinat-Curry 82
Grünes Curry mit Avocado 83
Indisches Gemüse 84
Aubergine, Tomaten und Mozzarella 92
Falafel-Burger 93
Rote Bete und Hummus 94
Süßkartoffeln mit Bohnen 95
Pochierte Birnen mit Wein 118
Joghurt mit Honig und Früchten 119
Mango-Orangen-Salat 120
Bauerntarte mit Früchten 121
Rhabarber-Crumble 122
Karamellisierte Bananen 123
Tarte tatin 124
Milchreis 125
Cremeschnitten mit Himbeeren 126
Äpfel im Mürbeteig 127
Cheesecakes 128
Sundae mit Erdbeeren 129

FISCH UND MEERESFRÜCHTE

Olivenpaste mit Feigen und Minze ... 4
Thunfisch mit Crème Fraîche ... 5
Lachs-Bouillon mit Tofu ... 14
Dorsch mit gelbem Curry .. 32
Krebse, Nudeln und Dill ... 35
Kichererbsen und Lachs ... 45
Schwarzer Reis, Kohl und Shrimps ... 46
Nudeln mit Thunfisch ... 74
Lachs-Farfalle mit Spinat ... 75
Linguine mit Sardinen ... 78
Nudeln mit Thunfisch, Kapern und Zitrone ... 79
Miesmuscheln mit Curry ... 85
Rougail mit Tintenfisch ... 86
Grünes Curry mit Fisch ... 87
Curry mit Seeteufel und Zitronengras ... 88
Tikka Masala mit Lachs ... 89
Fischstäbchen mit Kräutermayonnaise ... 96
Thunfisch mit Mayonnaise ... 97
Surf & Turf ... 98
Fisch „Tahiti" ... 106
Panierter Fisch ... 107
Gambas mit Tomaten ... 108

FLEISCH UND GEFLÜGEL

Brokkoli und Ingwer ... 11
Spinat und Kiri® ... 16
Thom Kha Gai ... 19
Zwiebelsuppe ... 22
Erbsensuppe ... 23
Chinesische Suppe ... 25
Kokos-Phô ... 26
Chorizo und Zuckererbsen ... 28
Phô mit Rindfleisch ... 33
Minestrone ... 34
Wintersuppe ... 37
Melone, Huhn und Feta ... 41
Supersalat mit Hühnchen .. 42
Blumenkohl mit Ziegenkäse und Schinken ... 61
Quinoa mit Würstchen und Äpfeln ... 62
Rosenkohl und Zucchini ... 64
Kartoffeln mit Artischocken und Speck 65
Zucchini, Schinken und Käse ... 66
Rosenkohl mit Schinken ... 67
Kartoffeln mit Speck und Ei ... 68
Eintopf ... 69
Tagliatelle Carbonara ... 80
Spaghetti mit Mini-Frikadellen ... 81
Kalbs-Curry ... 90
Weiße Bohnen mit Chorizo ... 91
Surf & Turf ... 98
Nuggets-Burger ... 99
Burger mit Zwiebelringen ... 100
Boeuf Teriyaki ... 101
Banh-mi-Burger ... 102
Entenbrust mit Parmesan . 103
Hühnerfilet mit Senf ... 104
Putenfilet mit Avocado ... 105
Steak mit Blauschimmelkäse ... 109
Schweinefleisch mit Ananas ... 110
Ente mit Süßkartoffeln ... 111
Rindfleisch mit Karotten ... 112
Chili con carne ... 113
Gebratenes Rindfleisch mit Sesam ... 114
Kalbfleisch mit Oliven und Salzzitrone ... 115
Thai-Schweinefleisch ... 116
Mangold mit Tomaten ... 117

TAPAS

Pikant geröstete Nüsse

In 5 Minuten vorbereitet

10 Minuten Kochzeit

Für 4 Personen

Chilipulver mit Cayenne
½ Teelöffel

Knoblauch
4 Zehen

getrocknete Mandeln
110 g

Kürbiskerne
110 g

Pekannüsse
125 g

Fleur de Sel
½ Teelöffel

- Den Ofen auf 130 °C vorheizen. Die Knoblauchzehen schälen. 1 Esslöffel Olivenöl in einer Pfanne erhitzen und die Knoblauchzehen 2-3 Minuten darin anschwitzen, ohne dass sie Farbe annehmen. Mandeln, Pekannüsse und Kürbiskerne hinzugeben, mischen. Salz und Chilipulver in gewünschter Menge hinzugeben.
- Die Mischung auf ein mit Backpapier ausgelegtes Backblech geben und 10 Minuten im Ofen rösten, dabei von Zeit zu Zeit durchmischen. Warm oder in Zimmertemperatur servieren.

2

Guacamole

In 15 Minuten fertig

Ohne Kochen

Für 4 Personen

Tomate
× 1

rote Zwiebel
× ½

rote, scharfe Peperoni
× 1 oder 2

Avocados
× 3

Koriander
6 Zweige

grüne Zitrone
× 1

○ Die Tomate kleinschneiden und die Kerne entfernen. Das Fleisch in kleine Würfel schneiden. Die Zwiebel in dünne Scheiben schneiden. Die Peperoni halbieren, die Kerne entfernen und fein hacken. Die Avocados halbieren, den Kern entfernen und das Fleisch herausnehmen. Den Koriander fein hacken. Die grüne Zitrone pressen.

○ Die Tomate, die Zwiebel und die Peperoni mit etwas Salz in einer Schüssel zerstampfen. Das Avocadofleisch und den Koriander sowie den Saft der grünen Zitrone hinzufügen. Probieren und abschmecken.

Hummus

In 20 Minuten fertig

Ohne Kochen

Für 4 Personen

Kichererbsen
1 Dose mit 240 g

Knoblauch
2 Zehen

Tahin
2 Esslöffel

Olivenöl
6-8 Esslöffel

Zitrone
× 1/2

- Die Kichererbsen abgießen, spülen und die Haut abziehen. Die Knoblauchzehen schälen. Die halbe Zitrone pressen.
- Kichererbsen, Knoblauch, Tahin, Olivenöl und Zitronensaft mischen. Salzen und pfeffern.
- Kurz vor dem Servieren einen Schuss Olivenöl dazugeben.

Olivenpaste mit Feigen und Minze

In 10 Minuten fertig

Ohne Kochen

Für 4 Personen

schwarze Oliven
250 g

getrocknete Feigen
× 4

Sardellen
× 3

Olivenöl
6 cl

Minze
4 Zweige

- Die Blätter von der Minze zupfen. Den Stiel von den Feigen entfernen und die Feigen in kleine Stücke schneiden.
- Alle Zutaten mischen.
- In eine Schale geben, abdecken und zum Servieren im Kühlschrank aufbewahren.

Thunfisch mit Crème Fraîche

In 15 Minuten vorbereitet

Ohne Kochen

Für 4 Personen

Thunfisch in Olivenöl
1 Dose

Crème Fraîche
2 Esslöffel

Frühlingszwiebeln
× 2

feine Kräuter
½ Bund

Zitrone
× 1/2

- Zesten von der Zitrone schaben, dann die Zitrone pressen. Die Frühlingszwiebeln in dünne Scheiben schneiden. Die feinen Kräuter kleinschneiden. Den Thunfisch abgießen.
- Thunfisch, Crème Fraiche, Frühlingszwiebeln, Kräuter, Zitronenzesten und -saft mit der Gabel vermengen.
- Leicht salzen und pfeffern. Bis zum Servieren in den Kühlschrank stellen.

6

Zaziki mit Granatapfel

In 30 Minuten vorbereitet

5 Minuten Kochzeit

Für 4 Personen

Granatapfel
× ½

griechischer Joghurt
40 cl

Frühlingszwiebeln
× 2

Koriander
4 Zweige

Kümmel
½ Teelöffel

Chilipulver
1 Prise

- Den getrockneten Kümmel ein paar Minuten in einer beschichteten Pfanne ohne Öl rösten. Den Koriander hacken, die Frühlingszwiebeln in dünne Scheiben schneiden.
- Den Granatapfel auf der Arbeitsfläche rollen und dabei leicht mit der Handfläche andrücken. Halbieren und die Kerne entnehmen.
- Joghurt, Granatapfelkerne (nicht alle), Koriander und Frühlingszwiebeln vermengen. Großzügig salzen und pfeffern, Kümmel und Chilipulver hinzugeben. Einen Esslöffel Olivenöl darübergießen. Kühlstellen.

Marinierter Mozzarella

In 10 Minuten fertig

Ohne Kochen

Für 4 Personen

Mozzarellabällchen
250 g

Crème Fraîche
3 Esslöffel

Fleur de Sel
1 Prise

Zitrone
× ½

Thymian
3 Zweige

Olivenöl
2 Esslöffel

○ Mozzarella und Crème Fraîche in einer flachen Schale vermengen. Feine Zesten von der halben Zitrone reißen und auf den Mozzarella geben. Zitronensaft hinzufügen.

○ Olivenöl darübergießen, mit Fleur de Sel und Thymian bestreuen. Pfeffern.

Gefüllter Camembert

Camembert
× 1 (mittelreif)

getrocknete Feigen
× 4

getrocknete Mandeln
× 16

grüne Pistazien
× 16

Nüsse
× 16

In 10 Minuten fertig

Ohne Kochen

Für 4 Personen

- Den Stiel der Feigen entfernen und die Feigen in Streifen schneiden. Den Camembert quer halbieren.
- Den unteren Teil mit Trockenfrüchten belegen. Die andere Hälfte des Camemberts wieder aufsetzen. Mit Frischhaltefolie abdecken und in den Kühlschrank stellen.
- Vor dem Servieren bei Zimmertemperatur 30 Minuten ruhen lassen.

Brot mit Ziegenkäse und Pesto

In 10 Minuten fertig

Ohne Kochen

Für 4 Personen

Brot
8 Scheiben

Tomaten in mehreren Farben 4 kleine

Pesto
2 Esslöffel

Olivenöl
1 Schuss

Ziegenfrischkäse
120 g

- Die Tomaten waschen, trocknen und in Stücke schneiden. Die Brotscheiben anrösten.
- Die Brotscheiben mit Pesto bestreichen, mit Tomaten und Ziegenfrischkäse garnieren.
- Einen Schuss Olivenöl darübergießen, salzen und pfeffern.

Tortillas, Salsa und Feta

In 10 Minuten vorbereitet

5 Minuten Backzeit

Für 4 Personen

Maistortillas
1 Paket

feta
250 g

süße oder pikante Salsa
1 Glas

Koriander
10 Zweige

- Den Ofen auf 180 °C vorheizen. Den Feta zerbröseln. Den Koriander hacken.
- Die Salsa und den Feta auf den Tortillas verteilen. 5 Minuten im Ofen erhitzen.
- Den gehackten Koriander darüberstreuen.

SUPPEN

Brokkoli und Ingwer

In 10 Minuten vorbereitet

15 Minuten Kochzeit

Für 4 Personen

Brokkoli
x 1

frischer Ingwer
x 1 Stück von 5 cm

Hühnerbrühe
1,2 l

schwarzer Rettich
40 g

Koriander
x 3 Stiele

- Den Rettich schälen und in sehr dünne Scheiben schneiden. Röschen vom Brokkoli zupfen. Den Ingwer schälen und reiben, um etwa 1 Esslöffel zu erhalten.
- Die Brühe in einem großen Topf aufkochen. Den Brokkoli und den Ingwer hinzufügen und 10 Minuten bei schwacher Hitze sieden lassen.
- Den Brokkoli mit der Hälfte der Brühe mixen und nach und nach die gewünschte Konsistenz herstellen. Salzen, pfeffern. In Schalen gießen und Rettichscheiben und den grob geschnittenen Koriander hinzugeben. (Heiß servieren)

Tomaten, Oliven und Basilikum

In 20 Minuten vorbereitet
1 Stunde im Kühlschrank

Ohne Kochen

1 Stunde im Kühlschrank

Tomaten
1 kg

grüne Oliven ohne Kerne
50 g

Knoblauch
x ½ Zehe

Basilikum
x 10 Blätter

Baguette
x 4 Scheiben

Olivenöl
1 Schuss

- Die Tomaten waschen, mit einem Messer schälen und in Stücke schneiden.
- Die Tomaten mit den grünen Oliven, dem Knoblauch, ein paar Blättern Basilikum und einem Schuss Olivenöl mixen. Salzen und pfeffern. 1 Stunde in den Kühlschrank stellen.
- In Schalen gießen, mit ein paar Blättern Basilikum bestreuen und mit Brot servieren. (Kalt servieren)

Provenzalische Suppe

In 25 Minuten vorbereitet

20 – 25 Minuten Kochzeit

Für 4 Personen

Zucchini
900 g

Aubergine
x 1

Feta-Käse
40 g

Kräuter der Provence
2 Teelöffel

Olivenöl
1 Schuss

Gemüsebrühe
1 l

- Die Aubergine waschen und in Würfel schneiden. Auf einem Blech verteilen, mit Olivenöl übergießen, salzen und pfeffern. Für 25 Minuten bei 180 °C in den Ofen geben. Die Zucchini waschen und in Scheiben schneiden.
- Die Brühe in einem großen Topf mit den Zucchini aufkochen und 20 Minuten sieden lassen. Die Zucchini mit 200 ml Brühe mixen und nach und nach die gewünschte Konsistenz herstellen. Die Kräuter der Provence hinzufügen, salzen und pfeffern.
- In Schalen verteilen, mit Feta und Auberginenwürfeln dekorieren. (Heiß servieren)

Lachs-Bouillon mit Tofu

In 10 Minuten vorbereitet

5 Minuten Kochzeit

Für 4 Personen

frischer Lachs
150 g

Tofu
125 g

Sojasauce
4 Esslöffel

Frühlingszwiebel
x 1

grüne Zitrone
x 1

Koriander
8 Zweige

- Den Lachs und den Tofu in Würfel schneiden. Die Frühlingszwiebeln in feine Scheiben schneiden, die Blätter des Korianders mit einer Schere schneiden. Zesten von der Zitrone schaben, dann die Zitrone auspressen.
- 1 l Wasser in einen Topf geben. Den Tofu, die Sojasauce, den Saft der grünen Zitrone und die Hälfte der Zesten hinzufügen. Zum Kochen bringen.
- Die Lachswürfel auf Teller geben. Die Brühe darübergießen.
- Mit den restlichen Zesten und den Korianderblättern servieren. (Heiß servieren)

Artischocken und Rucola

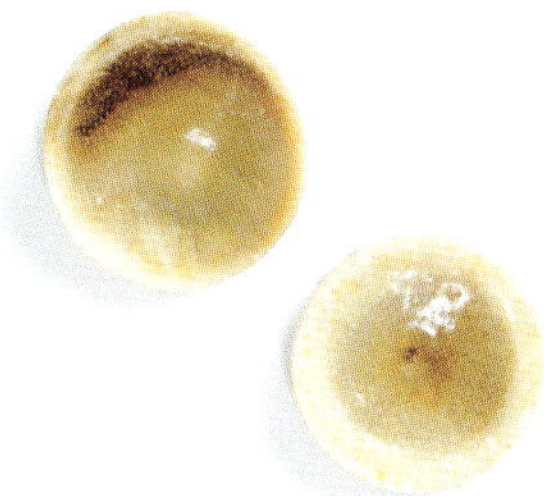

tiefgekühlte Artischockenböden
600 g

Rucola
x 1 Handvoll

Hühnerbrühe
1 l

Zitrone
x ½

Petersilie
x 3 Stiele

Knoblauch
x ½ Zehe

In 10 Minuten vorbereitet

10 Minuten Backzeit

Für 4 Personen

- Die Artischockenböden auftauen und in Stücke schneiden. Die Petersilie grob hacken. Den Knoblauch pressen. Von der halben Zitrone Zesten schaben.
- Die Brühe in einem großen Topf aufkochen, die Artischocken und den Rucola hinugeben und 5 - 7 minuten sieden lassen.
- Das Ganze mit einem Teil der Brühe mischen und nach und nach die gewünschte Konsistenz herstellen.
- Salzen, pfeffern und mit den Zitronenzesten und der Petersilie bestreuen. (Heiß oder kalt servieren)

Spinat und Kiri®

In 5 Minuten vorbereitet

5 Minuten Kochzeit

Für 4 Personen

Spinat
400 g

Kiri®
8 Portionen

Quinoa
150 g

Hühnerbrühe
1 l

Mandelplättchen
4 Esslöffel

- Den Ofen auf 180 °C vorheizen. Die Mandeln auf ein mit Backpapier belegtes Backblech legen und für 5 Minuten in den Ofen geben. Den Quinoa nach den Anweisungen auf der Verpackung kochen. Abgießen.
- Die Brühe in einem großen Topf mit dem Spinat aufkochen und 5 Minuten sieden lassen. Mit etwas mehr als der Hälfte der Brühe und dem Kiri® (Schmelzkäse mit Sahne) mixen. Salzen und pfeffern.
- In Schalen gießen und den Quinoa und die gerösteten Mandeln darauf verteilen. (Kalt servieren)

17

Karotten und Äpfel

In 25 Minuten vorbereitet

25 Minuten Kochzeit

Für 4 Personen

Karotten
700 g

rote Äpfel
x 1½

Gemüsebrühe
1 l

Kürbiskerne
4 Esslöffel

- Die Karotten schälen und in dünne Scheiben schneiden. Die Äpfel schälen und in große Würfel schneiden. Die Kürbiskerne 6 – 8 Minuten in einer Pfanne bei mittlerer Hitze rösten.
- Die Brühe mit den Karotten und den Apfelwürfeln in einem großen Topf aufkochen und 20 – 25 Minuten sieden lassen, bis alles weich ist.
- Mit 250 ml Brühe mixen und nach und nach die gewünschte Konsistenz herstellen. Salzen, pfeffern und mit den Kürbiskernen bestreuen. (Heiß servieren)

Pesto-Suppe

Basilikum
x 1 großer Bund

Parmesan
50 g

Pinienkerne
50 g

Olivenöl
120 ml

Knoblauch
x 1 kleine Zehe

Gemüsebrühe
600 ml

In 25 Minuten vorbereitet

5 Minuten Kochzeit

Für 4 Personen

- Die Pinienkerne 4 Minuten in einer Pfanne rösten. Den Parmesan reiben. Den Knoblauch schälen und in kleine Stücke schneiden. Das Basilikum waschen und in große Stücke schneiden.
- Das Basilikum (bis auf ein paar Blätter), das Olivenöl, den Knoblauch, die Pinienkerne (bis auf ein paar) und 40 g fein geriebenen Parmesan mixen. Salzen und pfeffern. Die Brühe aufkochen und über das Pesto gießen. Brühe hinzufügen, wenn die Suppe zu scharf ist.
- In Schalen gießen. Mit Pinienkernen, dem Parmesan und dem restlichen Basilikum bestreuen. (Heiß oder kalt servieren)

STAUB

Thom Kha Gai

In 5 Minuten vorbereitet

20 Minuten Kochzeit

Für 4 Personen

Hühnerbrust
400 g

frische Champignons
400 g

Zitronengras
6 Stangen

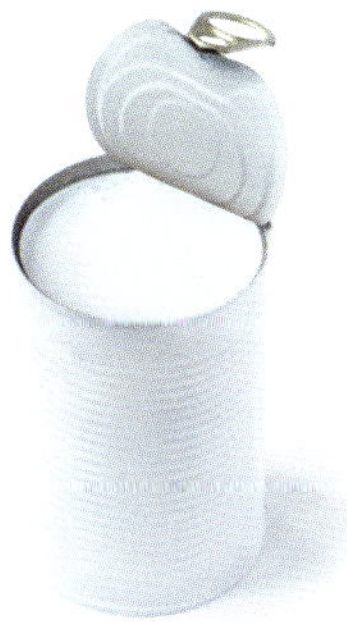

Kokosmilch
500 ml

Koriander
1 Bund

Limette
× 1

- Die Pilze und das Zitronengras waschen und in feine Scheiben schneiden. Das Hähnchen in feine Scheiben schneiden.
- In einem Schmortopf die Kokosmilch mit 100 ml Wasser und dem Zitronengras zum Kochen bringen. 10 Minuten bei schwacher Hitze ziehen lassen. 1 Teelöffel Salz und die Pilze hinzugeben und 4 Minuten garen. Das Hähnchen hinzufügen und weitere 2-3 Minuten garen.
- Von der Herdplatte nehmen, einen Schuss Saft von der Limette und den gezupften Koriander hinzugeben. (Heiß servieren)

Sauerampfer und Basilikum

In 15 Minuten vorbereitet

30 Minuten Kochzeit

Für 4 Personen

tiefgekühlter Sauerampfer
400 g

Zwiebel
x 1 kleine

Kartoffeln
400 g

Gemüsebrühe
1 l

Basilikum
x 10 Blätter

Pinienkerne
4 Esslöffel

- Den Sauerampfer auftauen. Die Pinienkerne 4 – 5 Minuten in einer Pfanne ohne Öl bei mittlerer Hitze rösten. Die Kartoffeln und die Zwiebeln schälen und in Würfel schneiden.
- Die Brühe in einem großen Topf mit den Kartoffeln und der Zwiebel aufkochen und 25 Minuten sieden lassen.
- Mit der Hälfte der Brühe kurz mixen und nach und nach die gewünschte Konsistenz herstellen.
- Salzen, pfeffern und mit Basilikumblättern und Pinienkernen bestreuen. (Heiß servieren)

Suppe mit Karotten, Kokos und Ingwer

In 15 Minuten vorbereitet

30 Minuten Kochzeit

Für 4 Personen

Karotten
× 7

große Zwiebeln
× 2

Ingwer
80 g

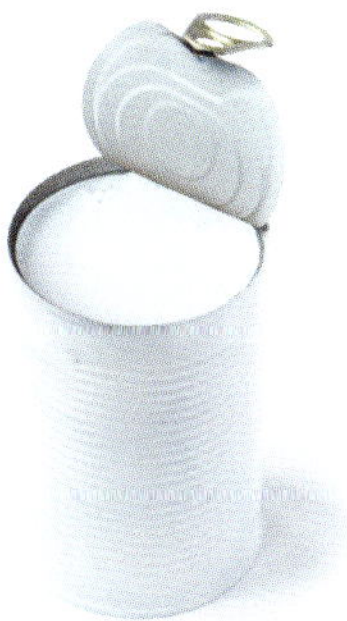

Kokosmilch
700 ml

Kurkumapulver
1 Esslöffel

Koriander
ein paar Zweige

- Die Zwiebeln und den Ingwer schälen und in feine Scheiben schneiden. Die Karotten schälen und in dünne Scheiben schneiden.
- 3 Esslöffel Öl in einem Schmortopf erhitzen. Die Zwiebeln 5 Minuten zugedeckt mit dem Kurkumapulver und 1 Teelöffel Salz anschwitzen.
- Die Karotten hinzufügen und 15 Minuten garen, dabei regelmäßig umrühren. Die Kokosmilch und 200 ml Wasser hinzugeben. Zum Kochen bringen und 5 Minuten garen lassen.
- Pürieren, den Koriander darüberstreuen. (Heiß servieren)

Zwiebelsuppe

In 15 Minuten vorbereitet

35 Minuten Kochzeit

Für 4 Personen

Zwiebeln
600 g

Knoblauch
x ½ Zehe

Dijon-Senf
1 Teelöffel

Hühnerbrühe
1,2 l

frischer Thymian
x 5 Stiele

Butter
30 g

- Die Zwiebeln schälen und in kleine Stücke schneiden.
- Die Butter in einem großen Topf schmelzen.
- Die Zwiebeln hinzugeben und den Knoblauch hineinpressen, dann 10 Minuten bei schwacher Hitze und häufigem Umrühren sieden lassen.
- Die Brühe, die Thymianstiele und den Senf hinzugeben und noch 25 Minuten bei schwacher Hitze sieden lassen. Salzen und pfeffern. (Heiß servieren)

Erbsensuppe

Erbsen
300 g

Räucherspeck
50 g

Zwiebel
x 1

Zucchini
x 1

Kochsahne
100 ml

In 5 Minuten vorbereitet

20 Minuten Kochzeit

Für 4 Personen

- Die Zwiebel in feine Scheiben schneiden. Die Zucchini in Würfel schneiden. Alle Zutaten in einen Topf geben.
- 1 l Wasser, 1 Teelöffel Salz und 2 Prisen gemahlenen Pfeffer hinzugeben.
- 20 Minuten zugedeckt bei mittlerer Hitze kochen lassen. Mixen. (Heiß servieren)

Korallenlinsen

In 5 Minuten vorbereitet

20 Minuten Kochzeit

Für 4 Personen

Korallenlinsen
250 g

Tomaten
× 2

Zwiebel
× 1

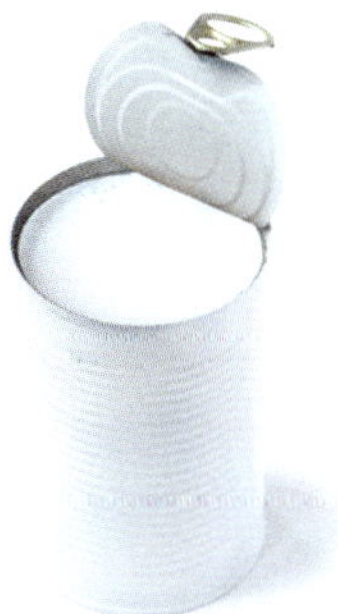

Kokosmilch
60 cl

Garam Masala
1 gehäufter Esslöffel

Koriander
½ Bund

- Die Zwiebel schälen und in feine Scheiben, die Tomaten in Würfel schneiden. In einen Topf geben. Die Linsen, das Garam Masala, die Kokosmilch und 40 cl Wasser hinzugeben. 15-20 Minuten leicht sieden lassen. Würzen, prüfen, ob die Linsen durch sind.
- Nach Bedarf etwas Wasser oder Kokosmilch hinzugeben. Von der Kochplatte nehmen, den fein geschnittenen Koriander hinzufügen. (Heiß servieren)

Chinesische Suppe

In 15 Minuten vorbereitet

15 Minuten Kochzeit

Für 4 Personen

Hühnerfilets
300 g

Miso-Würfel
60 g

Reisnudeln
150 g

Sojakeimlinge
150 g

Zitronengras
x 3 Stangen

Gemüsefrühlingsröllchen
x 4

- Die Hühnerfilets in Streifen schneiden. Die Sojakeimlinge waschen. Die Zitronengrasstangen waschen und halbieren. Die Frühlingsröllchen halbieren. Die Reisnudeln nach den Anweisungen auf der Verpackung kochen. Abgießen.
- 1 l Wasser mit dem Miso und dem Zitronengras aufkochen (mehr Miso für einen stärkeren Geschmack hinzufügen). Die Hühnchenstreifen hinzufügen und 8 Minuten bei schwacher Hitze sieden lassen. Die Nudeln hinzufügen, salzen und pfeffern.
- Mit Sojakeimlingen und Frühlingsröllchen in Schalen gießen. (Heiß servieren)

Kokos-Phô

In 10 Minuten vorbereitet

15 Minuten Kochzeit

Für 4 Personen

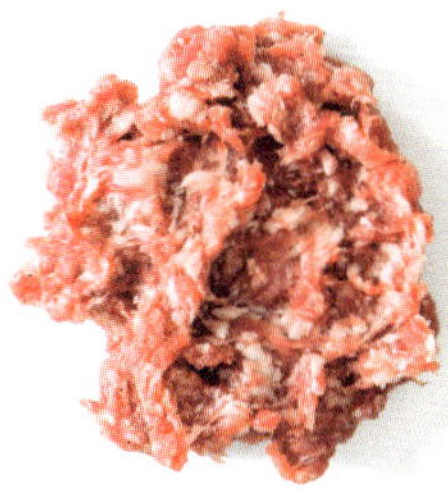

Mett
700 g

Kokosmilch
600 ml

Reisnudeln
600 g

rote Thai-Currypaste
1 Esslöffel

Mungobohnensprossen
100 g

Zucker
1 Esslöffel

- ○ Die Currypaste 2 Minuten in 2 Esslöffel Sonnenblumenöl anbraten. Das Mett und 1 Teelöffel Salz hinzugeben.
- ○ 400 ml Wasser und die Kokosmilch hinzugeben. Bei kleiner Hitze 10 MInuten ziehen lassen. Probieren und nach Geschmack würzen.
- ○ Die Nudeln in kochendem Wasser bissfest kochen. Abgießen. Auf Schüsseln verteilen und mit Suppe abdecken. Mit Mungobohnensprossen und gegebenenfalls Koriander servieren. (Heiß servieren)

Nudeln, Erbsen und Eier

In 10 Minuten vorbereitet

15 Minuten Kochzeit

Für 4 Personen

Miso-Würfel
60 g

Weizennudeln
120 g

tiefgekühlte Erbsen
100 g

Brokkoli
x 1

Eier
x 2

rote Peperoni
x 1

- Den Brokkoli waschen und die Röschen davon zupfen. Die Peperoni in feine Stücke schneiden.
- Die Eier 6 Minuten in kochendem Wasser kochen, mit kaltem Wasser abschrecken, schälen und halbieren.
- 1,2 l Wasser in einem großen Topf mit dem Miso aufkochen, dann die Nudeln hinzufügen und 5 Minuten sieden lassen. Den Brokkoli, die Peperoni und die Erbsen hinzufügen und noch 5 Minuten sieden lassen. Salzen und pfeffern. In Schalen gießen und mit den Eiern garnieren. (Heiß servieren)

28

Chorizo und Zuckererbsen

weiße Bohnen in der Dose
240 g

Zuckererbsen
100 g

rote Paprika
x 1

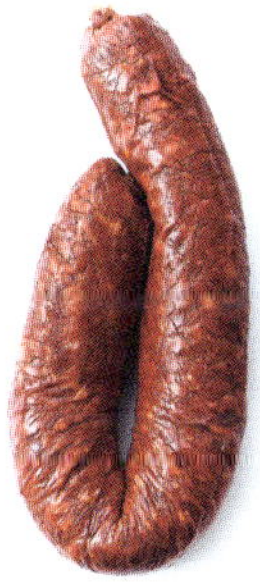

Chorizo
50 g

Mais aus der Dose
200 g

Hühnerbrühe
1 l

In 10 Minuten vorbereitet

10 Minuten Kochzeit

Für 4 Personen

○ Die Paprika waschen und in feine Streifen schneiden. Die Chorizo in Scheiben und dann in kleine Würfel schneiden. Die weißen Bohnen und den Mais waschen und abgießen.

○ Die Brühe in einem großen Topf mit der Paprika und den Chorizo-Stücken aufkochen. Die Zuckererbsen, den Mais und die weißen Bohnen hinzufügen. 5 Minuten sieden lassen, salzen und pfeffern. (Heiß servieren)

Kürbis und Ravioli

In 20 Minuten vorbereitet

30 Minuten Kochzeit

Für 4 Personen

Kürbis
1 kg

Ravioli
x 4 Platten

Schnittlauch
x ½ Bund

geriebener Gruyère
x 1 Handvoll

Gemüsebrühe
1 l

Zwiebel
x 1

- Die Ravioli nach den Anweisungenauf der Verpackung kochen Abgießen.
- Den Kürbis schälen und in Würfel schneiden. Schnittlauch und Zwiebel fein schneiden.
- Die Brühe in einem großen Topf mit der Zwiebel und dem Kürbis aufkochen und 25 Minuten sieden lassen. Mit der Hälfte der Brühe mixen und nach und nach die gewünschte Konsistenz herstellen.
- Salzen, pfeffern, die Ravioli, den Schnittlauch und den Gruyère (Greyerzer) hinzufügen. (Heiß servieren)

Karotten und Klößchen

In 25 Minuten vorbereitet

15 Minuten Kochzeit

Für 4 Personen

Klößchen – natur
x 3

tiefgekühlte Erbsen
100 g

Karotten
400 g

Frühlingszwiebeln
x 2

Gemüsebrühe
1 l

Parmesan
50 g

- ○ Die Klößchen 8 – 10 Minuten mit Butter in einer Pfanne bei schwacher Hitze goldgelb anbraten. In Scheiben schneiden.
- ○ Die Zwiebeln waschen und in feine Scheiben schneiden. Den Parmesan reiben. Die Karotten schälen und dann fein hobeln.
- ○ Die Brühe in einem großen Topf aufkochen, dann die Karotten hinzufügen und 8 Minuten sieden lassen. Die Klößchen, die Erbsen und die Zwiebeln hin-zufügen und 5 Minuten siedenlassen. Salzen und pfeffern. In Schalen gießen und mit dem Parmesan bestreuen. (Heiß servieren)

Miso-Suppe mit Champignons

In 15 Minuten vorbereitet

15 Minuten Kochzeit

Für 4 Personen

Miso-Würfel
60 g

Champignons
250 g

Tofu
160 g

Weizennudeln
150 g

Knoblauch
x 2 Zehen

Sesamsamen
2 Esslöffel

- Die Sesamsamen 3 – 4 Minuten in einer Pfanne ohne Öl bei mittlerer Hitze rösten. Die Knoblauchzehen schälen und halbieren. Die Champignons waschen, die Stiele entfernen und die Köpfe vierteln. Den Tofu in Stücke schneiden.
- 1 l Wasser mit dem Miso und dem Knoblauch aufkochen (mehr Miso für einen stärkeren Geschmack hinzufügen).
- Die Nudeln, die Champignons und den Tofu hinzufügen und für ca. 10 Minuten sieden lassen. Salzen, pfeffern und mit den gerösteten Sesamsamen bestreuen. (Heiß servieren)

Dorsch mit gelbem Curry

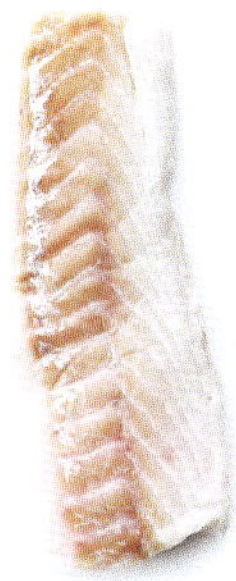

Dorschrücken
200 g

gelbe Currypaste
100 g

Zitronengras
x 3 Stangen

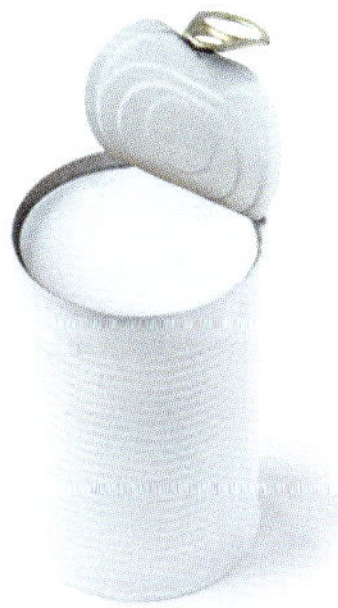

Kokosmilch
500 ml

Reisnudeln
150 g

Minze
x 2 Stiele

In 15 Minuten vorbereitet

12 Minuten Kochzeit

Für 4 Personen

- Das Zitronengras waschen und halbieren. Den Fisch der Länge nach in zwei Stücke schneiden. Die Reisnudeln nach den Anweisungen auf der Verpackung kochen.
- 400 ml Wasser mit der Hälfte der gelben Curry-Paste und dem Zitronengras aufkochen. Die Kokosmilch hinzugeben, umrühren, abschmecken und gegebenenfalls Curry-Paste hinzufügen. Den Fisch hinzugeben. 12 Minuten bei schwacher. Hitze sieden lassen.
- Die Nudeln hinzufügen. Salzen, pfeffern und mit der grob gehackten Minze bestreuen. (Heiß servieren)

Phô mit Rindfleisch

Reisnudeln
160 g

weiches Rindfleisch
200 g

Fleischbrühe
1 l

rote Peperoni
x 1

Frühlingszwiebeln
x 2

frischer Ingwer
90 g

In 15 Minuten vorbereitet

15 Minuten Kochzeit

Für 4 Personen

- Die Frühlingszwiebeln waschen und in dünne Scheiben schneiden. Den Ingwer schälen und in dünne Scheiben schneiden. Die Peperoni in feine Stücke und das Rindfleisch in Streifen schneiden.
- Die Reisnudeln nach den Anweisungen auf der Verpackung kochen. Abgießen.
- Die Brühe mit dem Ingwer und der Peperoni in einem großen Topf aufkochen und 10 Minuten sieden lassen.
- Die Nudeln, das Fleisch und die Zwiebeln in Schalen verteilen und in jede Schale eine Suppenkelle heiße Brühe geben. (Heiß servieren)

Minestrone

Karotten mit Grün
300 g

Rigatoni
80 g

Parmaschinken
x 4 Scheiben

Blattspinat
x 1 Handvoll

geriebener Parmesan
4 Esslöffel

Gemüsebrühe
1 l

In 25 Minuten vorbereitet

20 Minuten Kochzeit

Für 4 Personen

○ Den Schinken auf ein mit Backpapier belegtes Backblech legen und bei 180 °C für 10 – 15 Minuten in den Ofen geben. Die Karotten schälen und in Scheiben schneiden.

○ Die Brühe in einem großen Topf mit den Karotten aufkochen und 5 Minuten sieden lassen. Die Nudeln hinzufügen und dann 10 Minuten kochen lassen. Die Spinatblätter hinzufügen und noch 2 Minuten kochen lassen.

○ Den krossen Schinken hinzufügen, salzen, pfeffern und mit Parmesan bestreuen.
(Heiß servieren)

Krebse, Nudeln und Dill

In 15 Minuten vorbereitet

17 Minuten Kochzeit

Für 4 Personen

Krebsfleisch
100 g

Risoni
120 g

Krustentierfond
1 l

Kirschtomaten
200 g

Mais aus der Dose
140 g

Dill
x 3 Stiele

- Die Kirschtomaten waschen. Die Maiskörner abtropfen lassen.
- Die Brühe in einem großen Topf aufkochen. Die Nudeln und die Kirschtomaten hinzufügen und für 12 Minuten sieden lassen. Die Haut der Tomaten abziehen.
- Den Krebs in Stücken sowie die Maiskörner hinzufügen und noch 5 Minuten sieden lassen. Salzen, pfeffern und mit kleingeschnittenen Dillstielen in Schalen verteilen.

(Heiß servieren)

Ramen und Rüben

In 15 Minuten vorbereitet

20 Minuten Kochzeit

Für 4 Personen

Miso-Würfel
60 g

vorgekochte Ramen-Nudeln
350 g

Rote Bete
250 g

Blattspinat
x 1 Handvoll

- Die Rote Bete schälen und in feine Stücke schneiden. 1 l Wasser mit dem Miso und der Roten Bete zum Kochen bringen (mehr Miso für einen stärkeren Geschmack hinzufügen). Für ca. 15 Minuten sieden lassen, salzen und pfeffern.
- 4 Minuten vor Ende der Kochzeit die Ramen-Nudeln hinzugeben. Salzen, pfeffern und die Spinatblätter hinzugeben.
(Heiß servieren)

Wintersuppe

In 15 Minuten vorbereitet

30 Minuten Kochzeit

Für 4 Personen

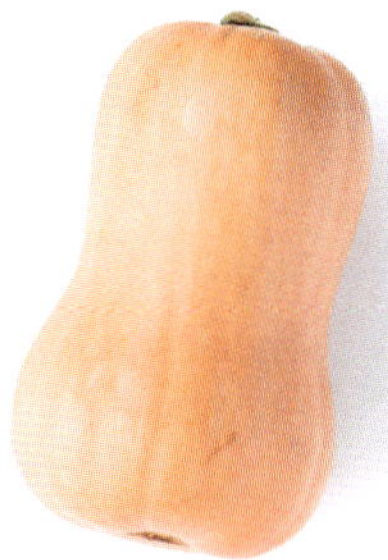

Butternut-Kürbis
500 g

Knollensellerie
500 g

Frühstücksspeck
150 g

große Zwiebel
× 1

Currypulver
1 Esslöffel

Sonnenblumenöl
3 Esslöffel

- ○ Die Zucchini und die Sellerie schälen und in Würfel schneiden. Die Zwiebel schälen und in feine Scheiben schneiden.
- ○ Den Frühstücksspeck in heißem Öl goldgelb anbraten. Das Gemüse, den Curry und 1 Teelöffel Salz hinzufügen. Zugedeckt für 10 Minuten köcheln lassen.
- ○ Ca. 1,2 l Wasser hinzugeben, aufkochen und bei schwacher Hitze 15 Minuten ziehen lassen. Probieren und nach Geschmack würzen. Die Suppe püriert oder nicht püriert servieren.
(Heiß servieren)

SALATE

Gurke, Erdbeeren und Ziegenkäse

In 20 Minuten vorbereitet

Ohne Kochen

Für 6 Personen

Gurke
× 1

Erdbeeren
× 8

Ziegenkäse
100 g

Minze
2 Bunde

Kürbiskerne
1 Esslöffel

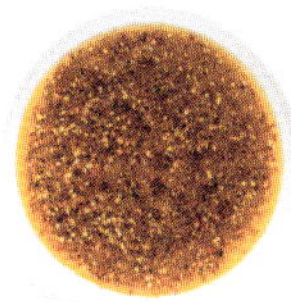

Vinaigrette (Rezept 48)
1 Esslöffel

- Die Gurke in dünne Scheiben schneiden. Die Erdbeeren vierteln, die Minze fein schneiden.
- Die Gurke und die Erdbeeren auf eine Platte legen, mit Ziegenkäse, Minze und Kürbiskernen bestreuen.
- Vor dem Servieren die Vinaigrette darübergießen (siehe Rezept 48).

Thai-Sellerie

Stangensellerie
200 g

Koriander
½ Bund

Minze
6 Stiele

gesalzene Erdnüsse
40 g

rote Paprika
80 g

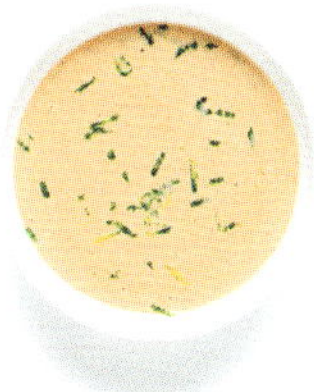

Tahini-Sauce (Rezept 47)
× 1

In 15 Minuten vorbereitet

Ohne Kochen

Für 4 Personen

- Den Stangensellerie schälen und in feine Scheiben schneiden. Die Paprika schneiden, die Kerne entfernen und mit dem Messer hacken. Die Blätter der Kräuter zupfen. Die Erdnüsse hacken.
- Vor dem Servieren alle Zutaten mit der Tahini-Sauce vermischen (siehe Rezept 47).

Vollkornweizen, Rote Bete und Feta

In 10 Minuten vorbereitet

15 Minuten Kochzeit

Für 1 Person

Vollkornweizen
80 g

Champignons
x 6 kleine

Feta
x 12 Würfel

gemischter Blattsalat
x 1 Handvoll

vorgekochte Rote Bete, vakuumiert
x ½

Olivenöl
1 Schuss

- ○ Den Vollkornweizen nach den Anweisungen auf der Verpackung kochen.
- ○ Die Champignons waschen und in feine Streifen schneiden. Die Rote Bete in Würfel schneiden. Den Salat waschen.
- ○ Den abgetropften Vollkornweizen, die Salatblätter, die Rote-Bete-Würfel, die Champignons und die Feta-Würfel in eine Schale geben. Vinaigrette darübergießen (siehe Rezept 48).

Melone, Huhn und Feta

In 20 Minuten vorbereitet

10 Minuten Ruhezeit
12 Minuten Zubereitung

Für 6 Personen

Chartenais-Melone
× 1

Hühnerbrust
300 g

Feta
100 g

Dill
2 Stängel

Pastis
4 Esslöffel

Olivenöl
× 4 Esslöffel

- ○ Die Hühnerbrust 6 Minuten von jeder Seite anbraten, dann in Alufolie wickeln und 15 Minuten abkühlen lassen.
- ○ Die Melone schälen, halbieren, entkernen und in Stücke schneiden. Mit dem Pastis und dem Olivenöl mischen. Mindestens 10 Minuten kalt ruhen lassen.
- ○ Das Hühnchen in Streifen schneiden, den Dill klein schneiden, den Feta zerkrümeln.
- ○ Die Melone mit dem Hühnchen, dem Feta und dem Dill, je 2 Prisen Salz und Pfeffer vermischen. Frisch servieren.

Supersalat mit Hühnchen

In 30 Minuten vorbereitet

20 Minuten Kochzeit

Für 2 Personen

Kichererbsen in der Dose
265 g

Bulgur
40 g

Hühnerfilet
x 1

Zitrone
x 1

Koriander
x 6 Stiele

Kreuzkümmelsamen
x 1 Prise

- Den Bulgur in einer Schale mit ein wenig Wasser und 200 ml kochendem Wasser quellen lassen. Die Zitrone pressen. Den Koriander hacken.
- Das Filet in Stücke schneiden. Mit 1 Esslöffel Öl für 5 Minuten in einer Pfanne anbraten. Den Kreuzkümmel hinzufügen.
- 3 Esslöffel Olivenöl und 3 Teelöffel Zitronensaft aufschlagen. Salzen und pfeffern.
- Den Bulgur und die abgetropften Kichererbsen, das Huhn und die Vinaigrette mischen. Koriander darüberstreuen.

Mango und Curry-Creme

In 10 Minuten vorbereitet

Ohne Kochen

Für 4 Personen

große Mango
× 1

Crème fraîche
500 g

Curry
1 gestrichener Esslöffel

Olivenöl
2 Teelöffel

Schnittlauch
6 Stiele

- Die Mango schälen und in Scheiben schneiden.
- Crème fraîche, Olivenöl und Curry mit je 2 Prisen Salz und gemahlenem Pfeffer mischen. Den Schnittlauch fein schneiden.
- Die Sauce über die Mango gießen, vermischen und mit dem geschnittenen Schnittlauch servieren.

Linsen, Rote Bete und Kürbis

grüne Linsen
120 g

vorgekochte Rote Bete, vakuumiert x ½

Hokkaidokürbis
450 g

Kerbel
x 1 Bund

Feta
x 15 Würfel

Olivenöl
1 Schuss

In 15 Minuten vorbereitet

35 Minuten Kochzeit

Für 2 Personen

- Den Ofen auf 200 °C vorheizen. Den Hokkaidokürbis waschen, halbieren und dann tranchieren. Auf ein mit Backpapier belegtes Backblech legen, mit Olivenöl beträufeln, salzen und pfeffern. Für 35 Minuten in den Ofen geben.

- Die Linsen nach den Anweisungen auf der Verpackung kochen. Abgießen. Die Rote Bete in Würfel schneiden.

- Die Linsen, die Rote Bete und die gebratenen Kürbisstreifen auf zwei Schalen verteilen. Den Feta zerkrümeln und den gezupften Kerbel darüberstreuen. Vinaigrette darübergießen (siehe Rezept 48).

Kichererbsen und Lachs

In 10 Minuten vorbereitet

Ohne Kochen oder Backen

Für 1 Person

gekochte Kichererbsen
x ½ Dose

Gurke
x ¼

Fenchel
x ½ kleiner

Minze
x 2 Stiele

Räucherlachs
x 1 Scheibe

grüne Zitrone
x ½

- ○ Die Kichererbsen abtropfen lassen und spülen. Die Gurke schälen und in feine Scheiben schneiden. Den Fenchel waschen und in feine Scheiben schneiden.
- ○ Die Minzeblätter waschen, mit der Schere fein schneiden und mit den Kichererbsen mischen.
- ○ Die Kichererbsen, die Gurkenstreifen und den Fenchel, den Räucherlachs und die geviertelte grüne Zitrone in eine Schale geben. Vinaigrette darübergießen (siehe Rezept 48).

Schwarzer Reis, Kohl und Shrimps

In 10 Minuten vorbereitet

30 Minuten Kochzeit

Für 1 Person

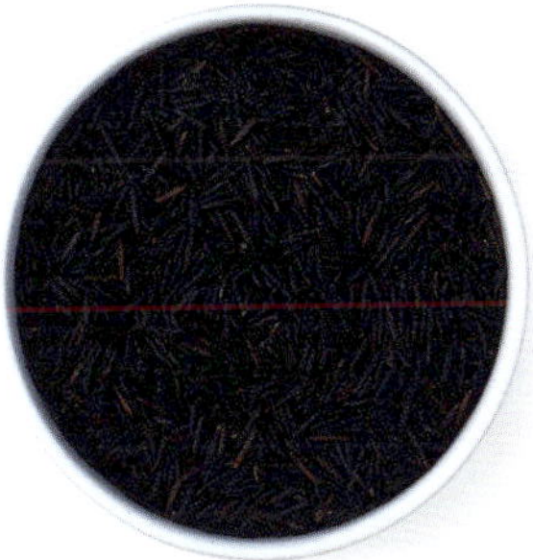

schwarzer Reis
70 g

Shrimps
x 10

Rotkohl
x ¼

Zitrone
x 1

Avocado
x 1

Schnittlauch
x ¼ Bund

- Den Reis nach den Anweisungen auf der Verpackung kochen.
- Die Shrimps schälen. Die Zitrone vierteln.
- Den Rotkohl und den Schnittlauch in feine Streifen schneiden. Die Avocado halbieren, den Kern entfernen und das Fleisch in Würfel schneiden. Ein wenig Zitronensaft darübergeben.
- Den abgetropften schwarzen Reis, die Shrimps, 2 Zitronenviertel, die Avocadowürfel und den Rotkohl in eine Schale geben. Den Schnittlauch darüberstreuen. Vinaigrette darübergießen (siehe Rezept 48).

Tahini-Sauce

Tahini
2 Esslöffel

Limette
× 1

Sojasauce
1 Esslöffel

In 5 Minuten vorbereitet

Ohne Kochen

Für 1 Portion

- Von der Limette Zesten schaben und den Saft auspressen.
- Mit dem Tahini, der Sojasauce und 3 Esslöffeln heißem Wasser aufschlagen.

Vinaigrette

In 5 Minuten vorbereitet

Ohne Kochen

Für 1 Portion

Senf mit ganzen Körnern
½ Esslöffel

Öl (nach Geschmack)
6 Esslöffel

Weinessig
½ Esslöffel

○ Die Zutaten mit je 2 Prisen Salz und Pfeffer aufschlagen.

GEMÜSE

Vollkornweizen, Karotten und Eier

In 10 Minuten vorbereitet

40 Minuten Kochzeit

Für 2 Personen

Vollkornweizen
125 g

Karotten
x 10 kleine

Eier
x 2

Schnittlauch
x ½ Bund

Gurke
x ½

Olivenöl
2 Schuss

- Den Ofen auf 180 °C vorheizen. Den Weizen nach den Anweisungen auf der Verpackung kochen.
- Gurke schälen und schneiden. Die Karotten waschen. Auf eine Platte legen, mit Öl übergießen, salzen, pfeffern und 40 Minuten in den Ofen geben.
- Den abgetropften Weizen, die gebratenen Karotten und die Gurke auf zwei Schalen verteilen.
- Die Spiegeleier 2 – 3 Minuten mit einem Schuss Olivenöl braten. In die Schalen geben und mit Schnittlauch bestreuen. Vinaigrette darüber-gießen (siehe Rezept 48).

50

Reis mit gebratenem Blumenkohl

In 10 Minuten vorbereitet

6 Minuten Kochzeit

Für 4 Personen

Blumenkohl
× 1

Frühlingszwiebeln
× 5

Karotte
× 1

Pflanzenöl
3 Esslöffel

Erbsen
150 g (TK)

Sojasauce
3 Esslöffel

○ Die Zwiebeln in feine Scheiben schneiden und das Grün aufbewahren. Die Karotte in Würfel schneiden. Den Blumenkohl nicht zu fein mixen, um eine mittlere Granularität zu erhalten.

○ Das Öl in einem Topf erhitzen und die Zwiebeln und die Karotte 1 Minute darin anschwitzen. Den Blumenkohl und die Sojasauce hinzugeben. Pfeffern. 4 Minuten unter Rühren garen.

○ Die Erbsen hinzufügen und noch 1 Minute ziehen lassen. Probieren und nach Geschmack würzen. Mit dem fein geschnittenen Grün der Frühlingszwiebeln bestreuen.

M.D.U.S.A

Gefüllte Champignons

In 20 Minuten vorbereitet

20 Minuten Backzeit

Für 4 Personen

frische, mittelgroße
Champignons × 20

Nüsse
60 g

Parmesan
60 g

glatte Petersilie
6 Bund

Knoblauch
2 Zehen

Olivenöl
4 Esslöffel

- Den Ofen auf 200 °C vorheizen.
- Die Champignons putzen und die Stiele entfernen. Für die Füllung die Nüsse grob hacken, den Knoblauch pressen und die Petersilie hacken. Alles mit dem Olivenöl und dem geriebenen Parmesan vermischen. Großzügig pfeffern.
- Die Champignons auf ein Backblech legen, leicht salzen und die Aushöhlung mit der Farce füllen. 20 Minuten in den Ofen geben und dabei auf die Farbe achten.

Grillgemüse mit Couscous

Grillgemüse
600 g (TK)

Kirschtomaten
200 g

Grieß
200 g

Minze
1 Bund

Zitrone
× 1

Olivenöl
5 Esslöffel

In 5 Minuten vorbereitet

15 Minuten Backzeit

Für 4 Personen

- Den Ofen auf 220 °C vorheizen.
- Das Tiefkühlgemüse auf einem Blech verteilen. Die Hälfte des Öls darübergießen und 15 Minuten in den Ofen geben.
- Die Haut von der Paprika abziehen. Das Gemüse in gleich große Stücke schneiden. Die Tomaten vierteln, die Minze hacken.
- Den Grieß mit kochendem Wasser aufquellen lassen. 30 Sekunden in der Mikrowelle garen.
- Das Gemüse mit dem Grieß vermischen. Die geviertelten Tomaten, die gehackte Minze, das Öl und den Zitronensaft hinzufügen. Würzen.

Polenta mit Champignons

In 15 Minuten vorbereitet

5 Minuten Kochzeit

Für 2 Personen

Instant-Polenta
130 g

geriebener Parmesan
4 Esslöffel

Champignons
300 g

Olivenöl
1 Schuss

Balsamico-Essig
1 Schuss

Petersilie
x 3 Stiele

- Die Petersilie waschen und fein hacken. Die Stiele der Champignons entfernen, die Champignons waschen und vierteln.
- Die Champignons in einer Pfanne mit Olivenöl 5 Minuten anbraten. Balsamico-Essig, Salz, Pfeffer und die Hälfte der Petersilie hinzugeben.
- In einem Topf 600 ml Wasser zum Kochen bringen. Die Instant-Polenta unter Rühren einrieseln lassen und noch 2 Minuten bei schwacher Hitze kochen lassen. Salzen, pfeffern, dann die gebratenen Champignons, den geriebenen Parmesan und die Petersilie hinzufügen.

54

Grenaille-Kartoffeln mit Spinat

In 10 Minuten vorbereitet

15 Minuten Kochzeit

Für 1 Person

Blattspinat
x 2 große Handvoll

Grenaille-Kartoffeln
x 15

Sesamöl
2 Schuss

Vollkornbrot
x 1 Scheibe

Knoblauch
x 1 Zehe

- Die Grenaille-Kartoffeln 15 Minuten in einem Topf mit Salzwasser kochen. Abgießen und die Haut entfernen.
- Den Knoblauch schälen und hacken. Das Brot in Würfel schneiden. In einer Pfanne mit einem Schuss Sesamöl, Salz und Pfeffer die Brot-Croutons rösten, bis sie kross sind.
- In derselben Pfanne die Spinatblätter mit einem Schuss Sesamöl und Knoblauch für 4 – 5 Minuten zusammenfallen lassen. Mit den warmen Grenaille-Kartoffeln in eine Schale geben, salzen, pfeffern und dic Croutons hinzufügen.

STAUB
STAUB

Hokkaido-Kürbis und Linsen

In 5 Minuten vorbereitet

10 Minuten Kochzeit

Für 4 Personen

kleiner Hokkaido-Kürbis
× 1

Spinat
200 g

Korallenlinsen
150 g

große Zwiebel
× 1

Kokosmilch
50 cl

Currypulver
2 Esslöffel

- Das Gemüse waschen. Den Hokkaido-Kürbis in Streifen schneiden, die Zwiebel in feine Scheiben schneiden.
- In einem Topf die Kokosmilch, das Currypulver, die Zwiebel und den Kürbis zum Kochen bringen. Würzen. 4 Minuten zugedeckt garen.
- Die Linsen hinzufügen, nach 6 Minuten den Gargrad prüfen, dann den Spinat hinzufügen und 1 Minute fertiggaren.

Butternut-Kürbis, Nüsse und Blauschimmelkäse

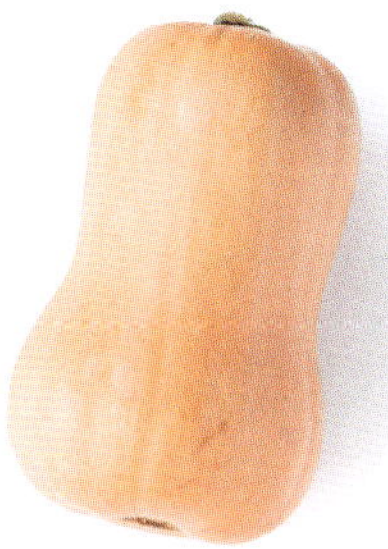

mittelgroßer Butternut-Kürbis
× 1

Zwiebel
× 1

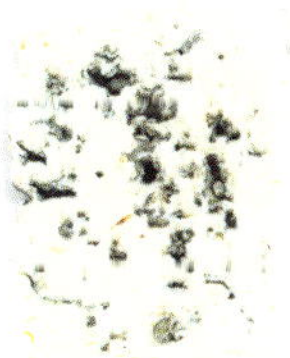

Blauschimmelkäse
125 g

Olivenöl
4 Esslöffel

Walnüsse
40 g

In 15 Minuten vorbereitet

45 Minuten Backzeit

Für 4 Personen

- Den Ofen auf 200 °C vorheizen.
- Den Kürbis der Länge nach durchschneiden. In der Mitte aushöhlen. Würzen, 2 Esslöffel Öl darübergießen. Für 30 Minuten in den Ofen geben.
- Die Zwiebel in feine Scheiben schneiden, mit dem restlichen Öl in einer Pfanne goldgelb anrösten. Das Kürbisfleisch in Würfel schneiden. Alles mit den Nüssen und dem Blauschimmelkäse mischen. Würzen.
- Den Kürbis füllen und 15 Minuten backen lassen.

Bulgur mit Kürbis und Blauschimmelkäse

In 10 Minuten vorbereitet

20 Minuten Kochzeit

Für 4 Personen

Bulgur
150 g

Kürbis
600 g

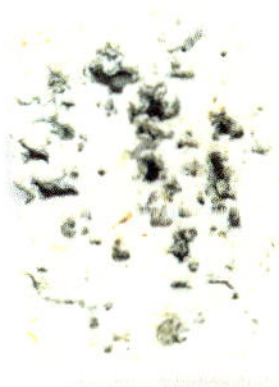

Blauschimmelkäse
65 g

Zwiebel
x 1

Kochsahne
200 ml

- Den Kürbis schälen und in Würfel schneiden. Die Zwiebel in feine Streifen schneiden. Alle Zutaten in einen Topf geben.
- 500 ml Wasser, 1 Teelöffel Salz und 2 Prisen gemahlenen Pfeffer hinzugeben.
- 20 Minuten bei mittlerer Hitze kochen lassen und regelmäßig umrühren.

Quinoa mit Linsen und Spinat

In 5 Minuten vorbereitet

30 Minuten Kochzeit

Für 4 Personen

Quinoa
125 g

grüne Linsen
125 g

Spinat
400 g

Zwiebel
x 1

Gemüsebrühe
1 Würfel

Olivenöl
2 Esslöffel

- ○ Den Spinat waschen und hacken. Die Zwiebel in feine Scheiben schneiden. Alle Zutaten in einen Topf geben.
- ○ 700 ml Wasser, 1 Teelöffel Salz und 2 Prisen gemahlenen Pfeffer hinzugeben.
- ○ 30 Minuten zugedeckt bei mittlerer Hitze kochen lassen und regelmäßig umrühren.

Karotten, Honig und Orange

Karotten mit Kraut
× 1 Bund

Orangen
× 2

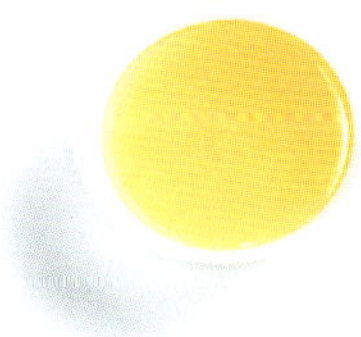

Honig
2 Esslöffel

Olivenöl
4 Teelöffel

Quatre-épices
1 gehäufter Teelöffel

In 15 Minuten vorbereitet

45 Minuten Backzeit

Für 4 Personen

- Den Ofen auf 180 °C vorheizen.
- Die Karotten schälen, falls es keine Bio-Karotten sind. Die Orange ganz schälen und in Scheiben schneiden.
- In einer Schüssel die Gewürze, den Honig und das Olivenöl mischen. Salzen, pfeffern und die Karotten hinzugeben. Gut umrühren, damit sie ganz mit den Gewürzen bedeckt sind.
- Auf einem Backblech verteilen und für 45 Minuten in den Ofen geben. Das Gemüse von Zeit zu Zeit wenden.

Parmigiana

In 15 Minuten vorbereitet

40 Minuten Backzeit

Für 4 Personen

Auberginen
× 2

Tomatenpüree
500 g (Dose)

Knoblauch
3 Zehen

Basilikum
4 Stiele

Mozzarella
125 g

Olivenöl
5 Esslöffel

- Den Ofen auf 210 °C vorheizen.
- Die Auberginen halbieren, großzügig salzen und 15 Minuten entwässern lassen. Ausdrücken.
- Das Tomatenpüree mit dem gepressten Knoblauch mischen. Würzen, 2 Esslöffel Öl hinzugeben und auf einem Blech verteilen. Die Auberginen daraufgeben, mit dem restlichen Öl einstreichen. Für 30 Minuten in den Ofen geben. Die Auberginen mit der Tomatensauce überziehen, pfeffern und den Mozzarella darauflegen. Für weitere 10 Minuten in den Ofen geben. Mit dem Basilikum garniert servieren.

Blumenkohl mit Ziegenkäse und Schinken

In 5 Minuten vorbereitet

15 Minuten Kochzeit

Für 4 Personen

Blumenkohl
500 g

Schinken
300 g

Ziegenkäse
250 g

Kochsahne
200 ml

Zwiebel
x 1

- Den Schinken hacken. Die Zwiebel in feine Scheiben schneiden. Den Ziegenkäse in Scheiben schneiden (bis auf 50 g). Röschen vom Blumenkohl brechen.
- Alle Zutaten in den Topf geben (bis auf 50 g Ziegenkäse).
- Salzen und 15 Minuten zugedeckt kochen lassen.
- Mit dem restlichen in kleine Stücke geschnittenen Ziegenkäse servieren.

Quinoa mit Würstchen und Äpfeln

In 5 Minuten vorbereitet

30 Minuten Kochzeit

Für 4 Personen

Quinoa
250 g

Räucherwürstchen
200 g

Äpfel
x 2

Salbei
8 Blätter

Schalotte
x 1

- ○ Die Würstchen in Scheiben schneiden. Die Äpfel vierteln und das Kerngehäuse entfernen. Die Schalotte in feine Streifen schneiden.
- ○ Alle Zutaten in einen Topf geben.
- ○ 700 ml Wasser, 1 Teelöffel Salz und 2 Prisen gemahlenen Pfeffer hinzugeben.
- ○ 30 Minuten zugedeckt bei mittlerer Hitze kochen lassenund regelmäßig umrühren.

Fenchel, Karotten und Zitrone

Fenchel
× 4

Karotten mit Kraut
1 kleiner Bund

rote Zwiebeln
× 2

Olivenöl
5 Esslöffel

Zitronen
× 2

Oliven
200 g

In 15 Minuten vorbereitet

45 Minuten Backzeit

Für 4 -6 Personen

- Den Ofen auf 220 °C vorheizen.
- Das Gemüse schälen. Den Fenchel vierteln, die Zwiebeln in 6 Stücke, die Zitronen in dicke Scheiben schneiden.
- Alles Gemüse in einer Schüssel mit dem Öl mischen. Salzen und pfeffern. Flach auf ein Backblech verteilt für 30 Minuten in den Ofen geben. Das Gemüse wenden, die Oliven hinzugeben und weitere 15 Minuten backen.

Rosenkohl und Butternut-Kürbis

In 20 Minuten vorbereitet

40 Minuten Backzeit

Für 4 Personen

Rosenkohl
600 g

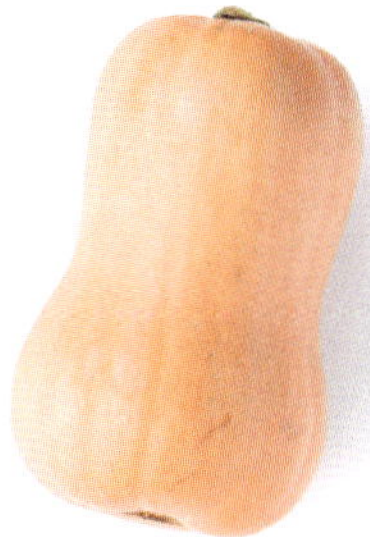

Butternut-Kürbis
600 g

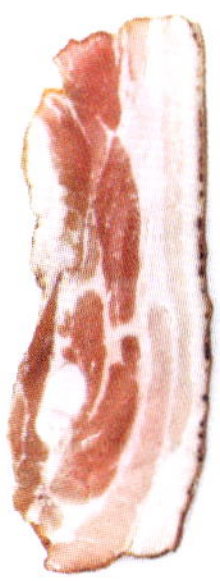

Speck
150 g

Cranberrys
50 g

Zwiebeln
× 2

Olivenöl
4 Esslöffel

- Den Ofen auf 200 °C vorheizen.
- Die Strünke vom Rosenkohl entfernen. Die Zwiebeln schälen. Den Rosenkohl halbieren, die Butternut-Kürbis in Stücke schneiden. Die Zwiebeln in 6 Stücke, den Speck in Würfel schneiden.
- Den Kohl, die Butternut-Kürbis und die Zwiebeln mit dem Öl vermischen. Salzen, pfeffern und auf ein Backblech geben. Für 20 Minuten in den Ofen geben. Das Gemüse wenden, den Speck hinzugeben und weitere 20 Minuten backen. Vor dem Servieren mit Cranberrys bestreuen.

Kartoffeln mit Artischocken und Speck

In 10 Minuten vorbereitet

30 Minuten Kochzeit

Für 4 Personen

Kartoffeln
500 g

Artischocken
x 3

Speck
100 g

Zwiebel
x 1

Gemüsebrühe
1 Würfel

Olivenöl
2 Esslöffel

- Die Kartoffeln schälen und in große Würfel schneiden. Die Artischocken halbieren. Die Zwiebel in feine Scheiben schneiden.
- Das Öl in einem Schmortopf erhitzen. Den Speck und die Zwiebeln hinzugeben und 5 Minuten unter regelmäßigem Umrühren schmoren lassen.
- Die Kartoffeln und die Artischocken, den Brühwürfel und 2 Prisen gemahlenen Pfeffer hinzufügen. Umrühren.
- 500 ml Wasser hinzufügen und zugedeckt 25 Minuten bei mittlerer Hitze kochen lassen.

Zucchini, Schinken und Käse

Zucchini
× 4

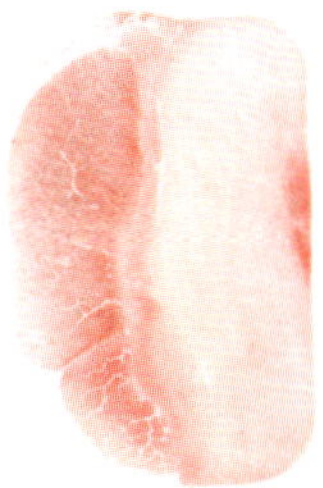

Kochschinken
4 Scheiben

geriebener Comté-Käse
150 g

Sahne
15 cl

Ei
× 1

In 10 Minuten vorbereitet

35 Minuten Backzeit

Für 4 Personen

- Die Zucchini in dünne Scheiben schneiden. In einem Behälter mit Deckel 5 Minuten in der Mikrowelle garen. Abgießen, abtropfen lassen.
- Den Ofen auf 190 °C vorheizen.
- Die Sahne, das Ei und den Comté-Käse mischen. Großzügig würzen. Die Zucchini hinzugeben. Die Schinkenscheiben übereinanderlegen und in Streifen schneiden. Die Zucchini abwechselnd mit dem Schinken in der Form aufschichten. Mit der Sahne übergießen. Für 30 Minuten in den Ofen geben.

Rosenkohl mit Schinken

In 10 Minuten vorbereitet

20 Minuten Kochzeit

Für 4 Personen

Rosenkohl
400 g

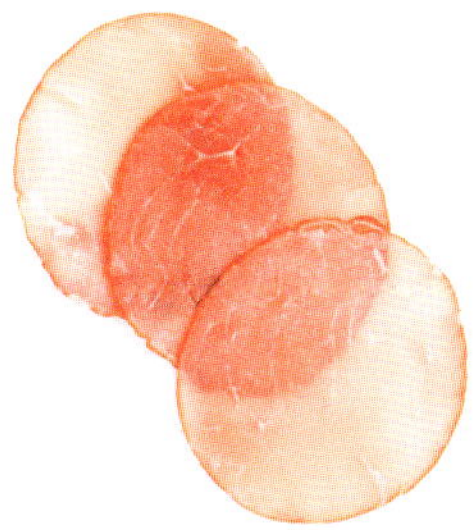

Schinkenscheiben
100 g

Kochsahne
200 ml

Senf
1 Esslöffel

Thymian
2 Zweige

Olivenöl
1 Esslöffel

- Den Strunk des Rosenkohls und die ersten Blätter entfernen. Die Röschen halbieren.
- Das Öl in einem Schmortopf erhitzen. Den Kohl und den Schinken hinzufügen. Unter Rühren 5 Minuten anbraten lassen.
- Die anderen Zutaten, 200 ml Wasser, 1 Teelöffel Salz und 2 Prisen gemahlenen Pfeffer hinzufügen.
- 20 Minuten zugedeckt bei mittlerer Hitze kochen lassen.

Kartoffeln mit Speck und Ei

In 10 Minuten vorbereitet

35 Minuten Kochzeit

Für 4 Personen

Kartoffeln (Sorte „La Ratte")
500 g

Räucherspeck
100 g

Crème fraîche
200 ml

Zwiebel
x 1

Thymian
2 Zweige

Eier
x 4

- Die Zwiebel in feine Scheiben schneiden. Alle Zutaten (bis auf die Eier) in einen Topf geben.
- 300 ml Wasser, 1 Teelöffel Salz und 2 Prisen gemahlenen Pfeffer hinzugeben.
- 30 Minuten zugedeckt bei mittlerer Hitze kochen lassen. Vermischen. Die Flüssigkeit muss sehr cremig sein.
- Die Eier in den Topf schlagen, zudecken und weitere 5 Minuten kochen lassen.

Eintopf

kleiner Wirsing
× 1

Karotten
× 2

Rüben
× 4

grobe Wurst
× 1

großer Lauch
× 1

weiße Bohnen (TK)
450 g

In 15 Minuten vorbereitet

45 Minuten Kochzeit

Für 4 Personen

- Das Gemüse schälen. Den Kohl vierteln, das andere Gemüse abhängig von der Größe halbieren oder vierteln.
- Den Kohl, die Bohnen, die Rüben, die Karotten und die Wurst in einen Topf geben. Aufkochen lassen. Würzen und bei kleiner Hitze 30 Minuten ziehen lassen.
- Den Lauch hinzugeben und weitere 15 Minuten kochen.
- Die Wurst vor dem Servieren in Scheiben schneiden.

NUDELN

Nudeln mit Zucchini und Minze

In 10 Minuten vorbereitet

15 Minuten Kochzeit

Für 4 Personen

Zucchini
x 2

Minze
8 Zweige

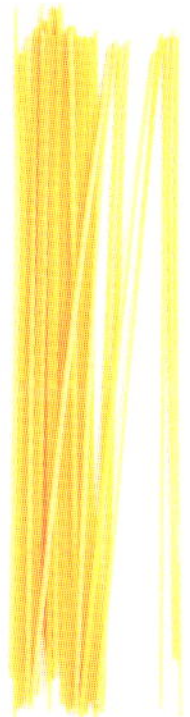

Spaghetti
250 g

Zwiebel
x 1

Olivenöl
4 Esslöffel

- Die Zucchini in feine Streifen schneiden, die Minze mit der Schere schneiden und die Zwiebel in feine Scheiben schneiden.
- Alle Zutaten in einen Topf geben. Die Hälfte der Minze zurückbehalten. 750 ml Wasser, 1 Teelöffel grobes Salz und 2 Prisen gemahlenen Pfeffer hinzugeben. 15 – 20 Minuten bei mittlerer Hitze kochen lassen und dabei umrühren. Am Topfboden müssen 2 cm Flüssigkeit bleiben.
- 5 Minuten warten, umrühren und mit der restlichen gezupften Minze servieren.

Zucchini, Pesto und Tomate

In 20 Minuten vorbereitet

15 Minuten Kochzeit

Für 4 Personen

Zucchini
× 4

Kirschtomaten
400 g

Knoblauch
2 Zehen

Olivenöl
3 Esslöffel

Pesto
5 Esslöffel

Parmesan
50 g

- Den Ofen auf 190 °C vorheizen. Die halbierten Tomaten mit der Schnittseite nach oben auf ein Backblech legen. Den Knoblauch pressen, mit dem Olivenöl mischen. Auf die Tomaten verteilen, würzen. Für 15 Minuten in den Ofen geben.
- Mit einem Julienne-Schäler Nudeln aus der Zucchini herstellen. In zwei Teilen jeweils 1,5 Minuten abgedeckt in der Mikrowelle garen. Das Wasser abgießen, dann das Pesto hinzugeben. Mit Tomaten und Parmesanhobeln servieren.

Gurke und Guacamole

In 15 Minuten vorbereitet

Ohne Kochen

Für 4 Personen

Gurke
× 2

reife Avocados
× 2

Kirschtomaten
100 g

rote Zwiebel
× ½

Limette
× 1

Koriander
½ Bund

- Das Avocadofleisch mit dem Saft der Limette verkneten. Würzen.
- Die Zwiebel in feine Scheiben schneiden, die Tomaten vierteln und die Gurken schälen. Mit einem Julienne-Schäler Nudeln herstellen. Unter die Sauce mischen.
- Mit Tomaten, Zwiebel und Korianderblättern servieren.

Orecchiette mit Tomaten

In 20 Minuten vorbereitet

10 Minuten Kochzeit

Für 2 Personen

Orecchiette
175 g

Tomaten
250 g

rote Paprika
x 1 kleine

Koriander
ein paar Stängel

getrocknete Tomaten in Öl
x 4

Olivenöl
3 Esslöffel

- Die Nudeln nach den Anweisungen auf der Verpackung kochen. Die Tomaten und die Paprika in sehr kleine Würfel schneiden. Die geschälte Zwiebel, die gewaschenen Kräuter und die getrockneten Tomaten hacken.
- Das ganze Gemüse mischen. Salz, Pfeffer und Olivenöl hinzufügen.
- Das Gemüse mit den warmen Nudeln vermischen.

Nudeln mit Thunfisch

Pipe Rigate
250 g

Tomatenpüree
250 g

Thunfisch in Olivenöl
300 g

Zwiebel
x 1

Basilikum
12 Blätter

In 15 Minuten vorbereitet

20 Minuten Kochzeit

Für 4 Personen

- Die Zwiebel in feine Scheiben schneiden, das Basilikum mit der Schere schneiden. Alle Zutaten in einen Topf geben. Ein paar Blätter Basilikum zurückbehalten.
- 750 ml Wasser, 1 Teelöffel Salz und 2 Prisen gemahlenen Pfeffer hinzugeben.
- 15 – 20 Minuten bei mittlerer Hitze kochen lassen und regelmäßig umrühren. Am Topfboden müssen 2 cm Flüssigkeit bleiben.
- 5 Minuten warten, umrühren und mit dem restlichen gezupften Basilikum servieren.

Lachs-Farfalle mit Spinat

In 10 Minuten vorbereitet

15 Minuten Kochzeit

Für 4 Personen

Farfalle
250 g

Räucherlachs
200 g

Crème fraîche
200 g

Zwiebel
x 1

Blattspinat
150 g

- ○ Die Zwiebel in feine Streifen schneiden. Alle Zutaten in den Topf geben.
- ○ 700 ml Wasser, 1 Teelöffel grobes Salz und 2 Prisen gemahlenen Pfeffer hinzugeben.
- ○ 15 – 20 Minuten bei mittlerer Hitze kochen lassen und regelmäßig umrühren. Am Topfboden müssen 2 cm Flüssigkeit bleiben.
- ○ 5 Minuten warten, umrühren und servieren.

Express-Spaghetti

Knoblauch
x 3 Zehen

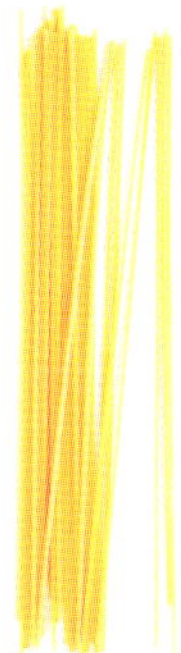

Spaghetti
200 g

Paprikapulver
x 1 große Prise

Olivenöl
4 Esslöffel

In 20 Minuten vorbereitet

10 Minuten Kochzeit

Für 2 Personen

- Die Nudeln 10 Minuten in Salzwasser kochen.
- Den Knoblauch schälen und in sehr feine Scheiben schneiden. Die Nudeln abgießen und etwas von dem Kochwasser aufbewahren.
- Den Topf wieder auf den Herd stellen, das Öl hineingießen und erhitzen. Den Knoblauch und das Paprikapulver hinzufügen und anbraten lassen, bis der Knoblauch leicht hellbraun geworden ist.
- Die Nudeln und das zurückbehaltene Kochwasser in den Topf geben. Vorsichtig mischen.

Spaghetti mit Ziegenkäse und Oliven

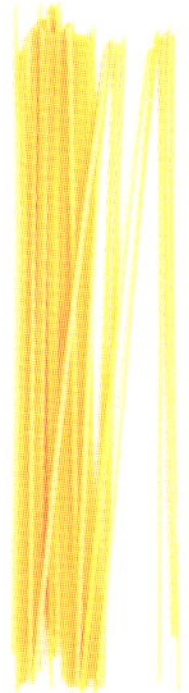

Spaghetti
200 g

Oliven
40 g

Ziegenfrischkäse
200 g

glatte Petersilie
ein paar Stängel

getrocknete Tomaten
x 4

Frühlingszwiebeln
x 2

In 20 Minuten vorbereitet

10 Minuten Kochzeit

Für 2 Personen

- Die Nudeln nach den Anweisungen auf der Verpackung kochen.
- Alle Zutaten fein hacken.
- In einer großen Schüssel mit Öl, etwas Salz und Pfeffer mischen.
- Die Nudeln abgießen, mit dem zerbröckelten Käse und diesem groben „Relish“ als Sauce servieren.

Linguine mit Sardinen

Linguine
250 g

Sardinen in Olivenöl
120 g

Feta-Käse
200 g

Zwiebel
x 1

Paprikapulver
1 Teelöffel

In 5 Minuten vorbereitet

20 Minuten Kochzeit

Für 4 Personen

- Den Feta-Käse in kleine Würfel schneiden. Die Zwiebel in feine Streifen schneiden. Alle Zutaten in einen Topf geben.
- 750 ml Wasser und 1 Teelöffel grobes Salz hinzugeben.
- 15 – 20 Minuten bei mittlerer Hitze kochen lassen und regelmäßig umrühren. Am Topfboden müssen 2 cm Flüssigkeit bleiben.
- 5 Minuten warten, umrühren und servieren.

Nudeln mit Thunfisch, Kapern und Zitrone

In 10 Minuten vorbereitet

15 Minuten Kochzeit

Für 4 Personen

Orechiette
350 g

Thunfisch in Olivenöl
300 g

Kapern
100 g

gelbe Zitrone
x 1

Knoblauch
2 Zehen

- Die Kapern abtropfen lassen. Zesten von der Zitrone schaben, dann den Saft auspressen. Die Knoblauchzehen schälen und pressen.
- Alle Zutaten in einen Topf geben und die Hälfte der Zitronenzesten zurückbehalten (auch das Öl der Thunfischfilets dazugeben)
- 1 l Wasser und 2 Prisen gemahlenen Pfeffer hinzugeben. 15 – 20 Minuten bei mittlerer Hitze kochen lassen und regelmäßig umrühren. Am Topfboden müssen 2 cm Flüssigkeit bleiben.
- Mit den restlichen Zitronenzesten servieren.

Tagliatelle Carbonara

Tagliatelle
200 g

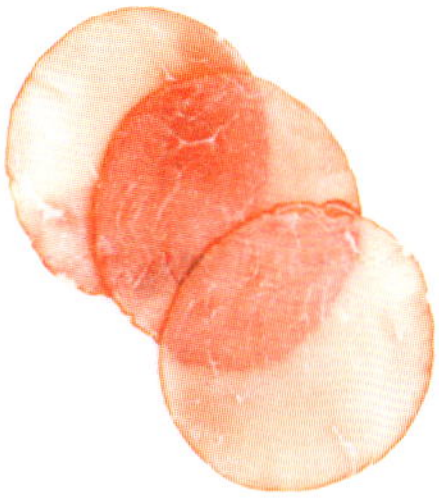

Schinken
x 4 Scheiben

Eier
× 2

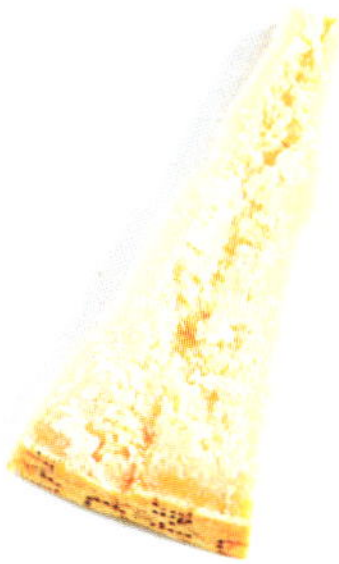

Parmesan
50 g

Butter
10 g

In 20 Minuten vorbereitet

10 Minuten Kochzeit

Für 2 Personen

- ○ Den Schinken in Streifen schneiden. Die Butter in einem Topf heiß machen, dann den Schinken hinzufügen, bis er leicht angebraten ist. Auf einen Teller geben.
- ○ 2 l Wasser in einem Topf zum Kochen bringen. Etwas Salz hinzufügen. So lange kochen lassen, wie auf der Verpackung angegeben.
- ○ Den Käse reiben und in einer großen Schale mit den Eiern mischen. Den gekochten Schinken hinzufügen.
- ○ Die Nudeln abgießen, in die Schale geben, mischen und pfeffern.

Spaghetti mit Mini-Frikadellen

In 5 Minuten vorbereitet

20 Minuten Kochzeit

Für 4 Personen

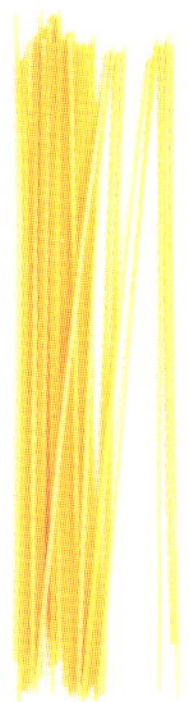

Spaghetti
250 g

Rinderhack
12 Frikadellen

Tomatensauce
200 g

Zwiebel
x 1

Basilikum
1 kleiner Strauß

Parmesan
1 Stück

- ○ Die Zwiebel in dünne Scheiben schneiden. Das Basilikum mit der Schere schneiden. Alle Zutaten in einen Topf geben, bis auf ein paar Blätter Basilikum und den Parmesan. 750 ml Wasser, 1 Teelöffel grobes Salz und 2 Prisen gemahlenen Pfeffer hinzugeben.
- ○ 15 – 20 Minuten bei mittlerer Hitze kochen lassen und regelmäßig umrühren. Am Topfboden müssen 2 cm Flüssigkeit bleiben.
- ○ 5 Minuten warten, umrühren und mit dem restlichen Basilikum und dem geriebenen Parmesan servieren.

CURRYS

Spinat-Curry

In 5 Minuten vorbereitet

15 Minuten Kochzeit

Für 6 Personen

Vollkornreis
100 g

Blattspinat
x 2 große Handvoll

Banane
x ½

Currypulver
½ Teelöffel

Ricotta
x ½ Becher

Koriander
x 3 Stiele

- Den Reis nach den Anweisungen auf der Verpackung kochen.
- Einen Schuss Olivenöl in eine Pfanne geben und die in Scheiben geschnittene Banane 2 Minuten bei mittlerer Hitze auf jeder Seite anbraten.
- Die Spinatblätter waschen und bei schwacher Hitze mit dem Ricotta, dem Curry, Salz und Pfeffer in einen Topf geben.
- Den abgetropften Vollkornreis, das Spinat-Curry und die Banane in eine Schale geben. Mit dem grob gehackten Koriander bestreuen.

STAUB
STAUB

Grünes Curry mit Avocado

rote Bohnen aus der Dose
800 g

kleine Ananas
× 1

kleine Avocados
× 2

Kokosmilch
500 ml

grüne Thai-Currypaste
1 Esslöffel

Koriander
½ Bund

In 10 Minuten vorbereitet

10 Minuten Kochzeit

Für 4 Personen

- Die Ananas schälen und vierteln. Die harte Mitte entfernen, das Fruchtfleisch scheibeln.
- In einem Schmortopf die Currypaste mit der Kokosmilch und 1 Teelöffel Salz verrühren. Aufkochen. Die gespülten und abgegossenen Bohnen hinzufügen. 5 Minuten ziehen lassen, dann die Ananas hinzufügen und 1 Minute ziehen lassen. Probieren und nach Geschmack würzen. Eventuell zuckern.
- Von der Herdplatte nehmen, die in Scheiben geschnittenen Avocados und den gehackten Koriander hinzufügen.

Indisches Gemüse

In 15 Minuten vorbereitet

20 Minuten Kochzeit

Für 6 Personen

Blumenkohl
400 g

Süßkartoffel
300 g

Tiefkühl-Erbsen
200 g

Zwiebeln
× 2

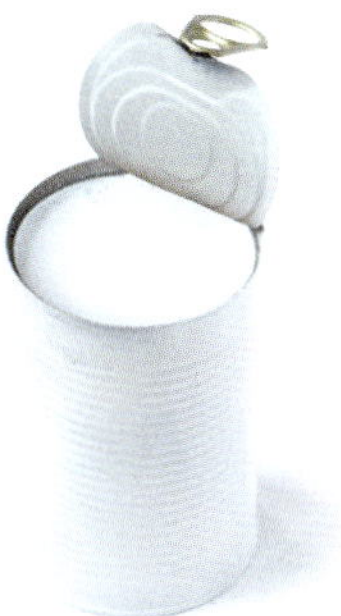

Kokosmilch
300 ml

Garam Masala
1 gehäufter Esslöffel

- Röschen vom Blumenkohl zupfen, die größeren Stücke halbieren. Die Süßkartoffel schälen und in gleich große Stücke schneiden. Die Zwiebeln schälen und in feine Scheiben schneiden.
- Die Zwiebeln in 3 Esslöffeln Sonnenblumenöl mit dem Garam Masala anschwitzen. 1 Teelöffel Salz und dann den Blumenkohl und die Kokosmilch hinzugeben. 5 Minuten zugedeckt garen.
- Die Süßkartoffel hinzufügen und 10 Minuten garen. Die noch gefrorenen Erbsen dazugeben und 2 Minuten ziehen lassen. Umrühren, probieren und nach Geschmack würzen.

Miesmuscheln mit Curry

In 5 Minuten vorbereitet

15 Minuten Kochzeit

Für 2 Personen

Miesmuscheln
1,5 kg

Schalotten
× 2

Butter
25 g

Crème fraîche
200 ml

Weißwein
15 cl

Currypulver
1 gehäufter Esslöffel

- Die Schalotten schälen und in feine Scheiben schneiden. Mit dem Curry in der Butter anschwitzen. Mit Weißwein ablöschen und fast ganz reduzieren lassen. Die Sahne hinzugeben und 5 Minuten einreduzieren lassen.
- Die gesäuberten Miesmuscheln hinzugeben, zudecken und 5 Minuten unter häufigem Umrühren ziehen lassen. Kochen, bis sich die Muscheln öffnen.

STAUB
STAUB

Rougail mit Tintenfisch

In 10 Minuten vorbereitet

20 Minuten Kochzeit

Für 4 Personen

Tintenfisch
× 4

Schalotten
× 3

Tomatenpüree
400 g

Currypulver
1 Esslöffel

Weißwein
150 ml

glatte Petersilie
1 Bund

- Die Schalotten schälen und in feine Scheiben schneiden. Die Tintenfische in Ringe schneiden. Die Petersilie hacken.
- Die Schalotten in einem Schmortopf mit einem Schuss Sonnenblumenöl anschwitzen. Das Currypulver hinzufügen, mit Weißwein ablöschen und fast ganz reduzieren lassen. Die Tomaten und ½ Teelöffel Salz hinzufügen. 10 Minuten ziehen lassen. Den Tintenfisch hinzugeben und 10 Minuten garen.
- Von der Herdplatte nehmen und mit der gehackten Petersilie bestreuen. Gegebenenfalls mit Cayennepfeffer pikant würzen.

Grünes Curry mit Fisch

In 25 Minuten vorbereitet

15 Minuten Kochzeit

Für 2 Personen

Lachsfilets
x 2

grüne Currypaste
1 Esslöffel

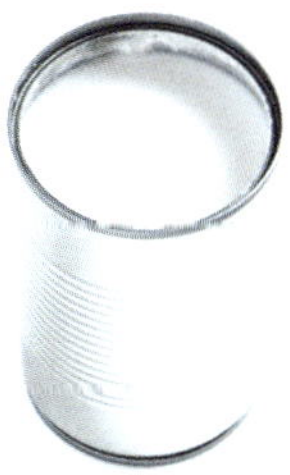

Kokosmilch
300 ml

Tiefkühlspinat
200 g

Koriander
x ½ Bund

Sonnenblumenöl
1 Esslöffel

- Den Fisch in große Stücke schneiden. Öl in einer Pfanne sehr heiß machen und die Currypaste für 30 Sekunden unter Rühren darin anbraten.
- Die Kokosmilch und ein großes Glas Wasser hinzufügen. Zum Kochen bringen. Die Hitze etwas zurückdrehen, sodass die Flüssigkeit leicht siedet.
- Den Fisch und das Gemüse hinzufügen. Abhängig von der Größe der Stücke zwischen 5 und 10 Minuten braten lassen.
- Den Koriander spülen, trocknen und ein paar Blätter über das Curry streuen. Mit Reis servieren.

Curry mit Seeteufel und Zitronengras

In 5 Minuten vorbereitet

15 Minuten Kochzeit

Für 4 Personen

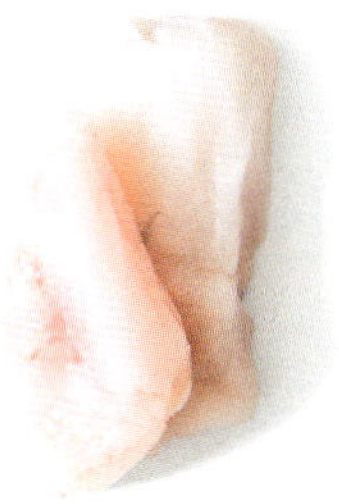

Seeteufel
800 g

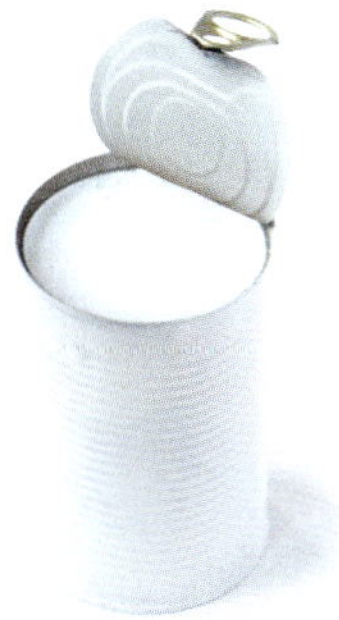

Kokosmilch
500 ml

Zitronengras
5 Stangen

grüne Thai-Currypaste
1 Esslöffel

Basilikum
½ Bund

Zucker
1 gestrichener Esslöffel

- Den Seeteufel in Stücke schneiden. Das Zitronengras in schräge Streifen schneiden.
- Die Currypaste in der Kokosmilch in einem Topf verrühren. 1 Teelöffel Salz, den Zucker und das Zitronengras hinzugeben und 5 Minuten garen.
- Den Seeteufel hinzugeben, weitere 10 bis 12 Minuten garen, abhängig von der Größe der Stücke. Den Gargrad prüfen und abschmecken.
- Basilikumblätter hinzufügen. Mit Thai-Reis oder Grieß servieren.

STAUB

Tikka Masala mit Lachs

In 5 Minuten vorbereitet

6 Minuten Kochzeit

Für 6 Personen

Lachsfilets
× 4

griechischer Joghurt
× 2

Tandooripulver
2 gestrichene Esslöffel

Koriander
½ Bund

Zitrone
× ½

- Den Lachs in gleich große Stücke schneiden und salzen. Den Koriander hacken.
- Den Joghurt mit dem Tandooripulver verrühren, den Lachs hinzugeben und vermischen. In einen Schmortopf geben und bei schwacher Hitze 6 Minuten ziehen lassen. Den Gargrad prüfen und nach Geschmack würzen.
- Mit dem Koriander und den Zitronenvierteln garnieren und mit Basmati-Reis servieren.

Kalbs-Curry

In 10 Minuten vorbereitet

1 Stunde Kochzeit

Für 4 Personen

Kalbfleisch für Frikassee
700 g

Currypulver
2 Esslöffel

Kartoffeln
400 g

Kochsahne
200 ml

Zwiebel
x 1

Koriander
1 kleiner Bund

- Die Kartoffeln schälen und in Würfel schneiden. Die Zwiebel in feine Scheiben schneiden. Den Koriander mit einer Schere schneiden.
- Einen Topf erhitzen und das Fleisch und die Zwiebeln hineingeben. Unter Rühren 3 Minuten anbraten lassen.
- Die restlichen Zutaten hinzufügen, bis auf den Koriander. 800 ml Wasser, 1 Teelöffel Salz und 2 Prisen gemahlenen Pfeffer hinzugeben.
- 1 Stunde zugedeckt kochen lassen.
- Mit dem Koriander servieren.

Weiße Bohnen mit Chorizo

In 5 Minuten vorbereitet

55 Minuten Kochzeit

Für 6 Personen

weiße Tiefkühl-Bohnen
600 g

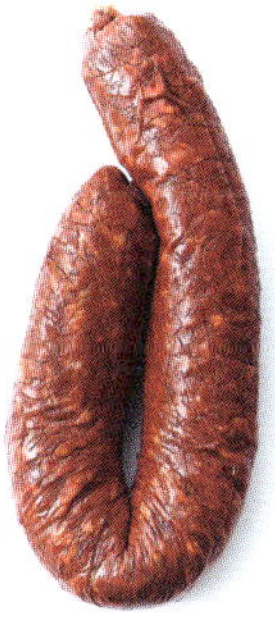

Chorizo
200 g

Tomatenpüree
400 g

große Zwiebeln
× 2

Currypulver
1 Esslöffel

Sonnenblumenöl
2 Esslöffel

- Die Zwiebeln schälen und in feine Scheiben schneiden. Die Chorizo in Scheiben schneiden. 5 Minuten mit den Zwiebeln in Öl anbraten.

- Curry, Tomaten und die noch gefrorenen weißen Bohnen hinzufügen. Wasser hinzufügen (ca. 500 ml). Halb zudecken und 50 Minuten bei schwacher Hitze köcheln lassen. Ab und zu umrühren. Salzen und fertig garen. Den Gargrad prüfen und abschmecken.

BURGER

Aubergine, Tomaten und Mozzarella

In 15 Minuten vorbereitet

50 Minuten Kochzeit

Für 2 Personen

Buns
× 2

große Aubergine
× 1

Zwiebel
× 1

Mozzarella
100 g

Tomatenpüree
150 g

Basilikum
ein paar Stiele

○ Die Auberginen in Scheiben schneiden, salzen und 15 Minuten entwässern lassen. Den Ofen auf 220 °C vorheizen. Die Auberginen mit Öl bestreichen und für 30 - 35 Minuten in den Ofen geben, ab und zu wenden.

○ Die gehackte Zwiebel anschwitzen. Das Püree hinzugeben, salzen und pfeffern, 15 Minuten köcheln lassen.

○ Den Ofen auf 180 °C herunterdrehen. Die Buns halbieren und für 3 Minuten in den Ofen geben.

○ Die Buns mit dem Püree bestreichen, die Auberginen und die Mozzarella Stücke darauflegen. Für 2 - 3 Minuten in den Ofen geben. Das Basilikum darauflegen. Zuklappen.

Falafel-Burger

In 5 Minuten vorbereitet

10 Minuten Kochzeit

Für 2 Personen

Buns
× 2

kleine Falafel
× 8

Hummus
125 g

mittelgroße Tomaten
× 2

Gurke
× ¼

rote Zwiebel
× ½

- ○ Die Buns halbieren. Die Zwiebel in feine, die Gurke und die Tomaten in dünne Scheiben schneiden.
- ○ Die Falafel wie auf der Verpackung angegeben aufwärmen und die Buns in den Ofen geben, etwa 5 Minuten bevor die Falafel fertig sind.
- ○ Die Buns mit Hummus bestreichen, die Zwiebeln, die Tomaten, die Gurke und die leicht zerdrückten Falafel verteilen. Die Burger zuklappen.

Rote Bete und Hummus

In 10 Minuten vorbereitet

5 Minuten Kochzeit

Für 2 Personen

Buns
× 2

gekochte, rote Bete
× 1

Comté-Käse
80 g

mittelgroße Tomaten
× 2

Hummus
100 g

Salatmischung
60 g

- Den Ofen auf 180 °C vorheizen. Die Buns halbieren, die Tomaten in Scheiben schneiden. Die rote Bete in 2 dicke Stücke schneiden. Den Comté-Käse reiben.
- Die Buns für 5 Minuten in den Ofen geben.
- Die Buns mit Hummus bestreichen, ein Stück rote Bete darauflegen, die Tomate, den Comté und die Salatmischung darauf verteilen. Zuklappen.

Süßkartoffeln mit Bohnen

In 15 Minuten vorbereitet

1 Stunde Kochzeit

Für 2 Personen

Buns
× 2

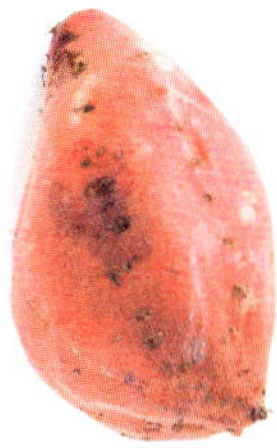

Süßkartoffel
300 g

gekochte, rote Bohnen
125 g

Auberginenkaviar
4 Esslöffel

Paniermehl
2 Esslöffel

Eichblattsalat
4 Blätter

- Den Ofen auf 200 °C vorheizen. Die Süßkartoffel mit Alufolie abdecken und 50 Minuten in den Ofen geben. Mit einer Gabel die Süßkartoffel zerquetschen und mit den abgetropften Bohnen und dem Paniermehl mischen. Salzen und pfeffern. Pattys formen. Einen Schuss Öl erhitzen und die Pattys 2 - 3 Minuten auf jeder Seite anbraten.
- Die Buns halbieren und bei 180 °C für 5 Minuten in den Ofen geben.
- Die Buns mit Auberginenkaviar bestreichen, Pattys darauflegen und den Salat darüber verteilen. Zuklappen.

96

Fischstäbchen mit Kräutermayonnaise

In 10 Minuten vorbereitet

15 Minuten Kochzeit

Für 2 Personen

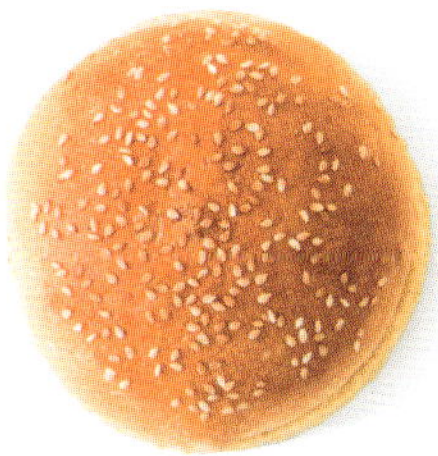

Buns
× 2

Fischstäbchen
× 4

Kräutermayonnaise
5 Esslöffel

Kapern
½ Esslöffel

Cornichons
× 3

Bataviasalat
4 Blätter

- Die Kapern und die Cornichons hacken, mit der Kräutermayonnaise mischen. Die Buns halbieren. Die Fischstäbchen wie auf der Verpackung angegeben aufwärmen und die Buns in den Ofen geben, 5 Minuten bevor die Fischstäbchen fertig sind.
- Die Buns mit Kräutermayonnaise bestreichen, zwei Fischstäbchen darauflegen und den Salat verteilen. Zuklappen.
- Gegebenenfalls die Kräutermayonnaise durch ungewürzte Mayonnaise ersetzen.

Thunfisch mit Mayonnaise

In 15 Minuten vorbereitet

3 Minuten Kochzeit

Für 2 Personen

Vollkornbrötchen
× 2

Thunfisch
150 g

Frühlingszwiebeln
× 2 (mit Stielen)

Mayonnaise
4 Esslöffel

mittelgroße Tomaten
× 2

Ei
× 1

○ Den Ofen auf 180 °C vorheizen. Die Zwiebeln mit den Stielen hacken. Den Thunfisch abtropfen lassen, indem er zwischen den Händen gepresst wird, um das gesamte Wasser zu entfernen. Mit den Zwiebeln, dem Ei, dem Salz und dem Pfeffer mischen. Die Tomaten in Scheiben schneiden. Die Brötchen halbieren und 5 Minuten in den Ofen geben.

○ Steaks aus dem Thunfisch formen und 1 - 2 Minuten auf jeder Seite anbraten.

○ Die Brötchen mit Mayonnaise bestreichen, die Tomaten darauf verteilen und ein Thunfischsteak darauflegen. Zuklappen.

Surf & Turf

In 15 Minuten vorbereitet

8 Minuten Kochzeit

Für 2 Personen

Buns
× 2

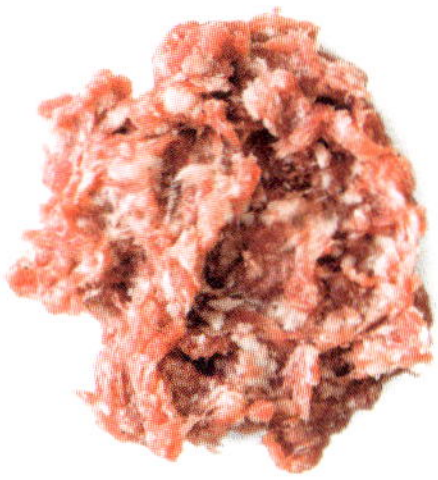

Wurstbrät
300 g

Garnelen (TK)
× 8

Knoblauch
1 Zehe

Mayonnaise
1 Esslöffel

Sprossen
½ Packung

- Den Ofen auf 180 °C vorheizen. Die Garnelen auftauen, längs spalten und den Darm entfernen. Mit dem Salz, Pfeffer und dem gepressten Knoblauch mischen. 15 Minuten kühlstellen.
- Aus dem Wurstbrät Steaks tormen. Einen Schuss Öl erhitzen, die Steaks 3 - 4 Minuten auf jeder Seite anbraten.
- Die Buns halbieren und für 5 Minuten in den Ofen geben. Die Garnelen 2 Minuten in einem Schuss Öl anbraten.
- Die Buns mit Mayonnaise bestreichen, die Steaks, die Garnelen und die Sprossen darauflegen. Zuklappen.

ORIGINAL
BBQ
SAUCE
Deliciously
ICH & SMOKEY
HP
ORIGINAL
BBQ
SAUCE
CLASSIC
WOODSMOKE
FLAVOUR

Nuggets-Burger

In 5 Minuten vorbereitet

15 Minuten Kochzeit

Für 2 Personen

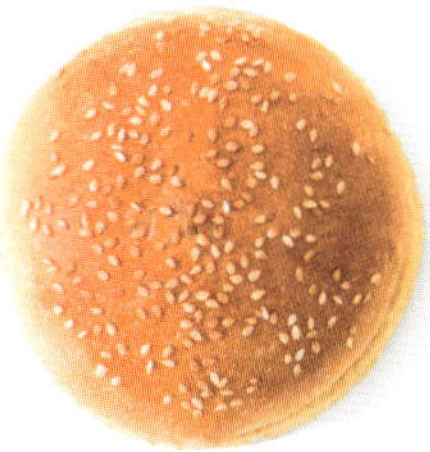

große Buns
× 2

Chicken-Nuggets
× 6-8

kleine Tomaten
× 2

Eisbergsalat
× ¼

Mayonnaise
4 Esslöffel

Barbecue-Sauce
4 Esslöffel

- Die Tomaten in Scheiben schneiden, die Buns halbieren. Den Eisbergsalat in feine Scheiben schneiden.
- Die Nuggets wie auf der Verpackung angegeben aufwärmen und die Buns in den Ofen geben, etwa 5 Minuten bevor die Nuggets fertig sind.
- Eine Seite der Buns mit Mayonnaise, die andere mit Barbecue-Sauce bestreichen. Die Tomaten, die Nuggets und den Salat darauf verteilen. Zuklappen.

Burger mit Zwiebelringen

In 10 Minuten vorbereitet

20 Minuten Kochzeit

Für 2 Personen

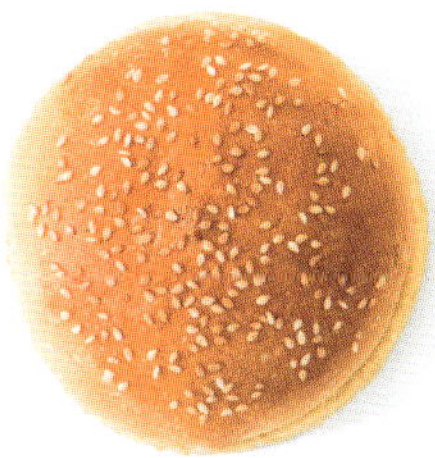

große Buns
× 2

Hacksteaks
× 2 (150 g)

Zwiebelringe
× 10

große Tomate
× 1

Bataviasalat
4 Blätter

Barbecue-Sauce
6 Esslöffel

- ○ Die Tomate in Scheiben schneiden, die Buns halbieren. Hacksteaks formen.
- ○ Die Zwiebelringe wie auf der Verpackung angegeben aufwärmen und die Buns in den Ofen geben, etwa 5 Minuten bevor die Zwiebelringe fertig sind.
- ○ Einen Schuss Öl in eine Pfanne geben, die Steaks auf höchster Stufe 2 Minuten auf jeder Seite anbraten.
- ○ Die Barbecue-Sauce über die Buns gießen, die Tomatenscheiben, den Bataviasalat, die Steaks und die Zwiebelringe darauflegen und mit Sauce beträufeln. Zuklappen.

Boeuf Teriyaki

In 10 Minuten vorbereitet

5 Minuten Kochzeit

Für 2 Personen

Buns
× 2

Hacksteaks
× 2 (150 g)

Teriyaki-Sauce
3 Esslöffel

Mayonnaise
2 Esslöffel

Weißkohl
175 g

grüne Peperoni
× 1

- Den Ofen auf 180 °C vorheizen. Den Kohl und die Peperoni in feine Scheiben schneiden. Mit der Mayonnaise mischen, salzen und pfeffern.
- Steaks formen, leicht salzen und pfeffern. Die Buns halbieren und für 5 Minuten in den Ofen geben.
- Einen Schuss Öl erhitzen, die Steaks bei hoher Hitze 2 - 3 Minuten auf jeder Seite anbraten und 1 Minute 30 ziehen lassen. Die Teriyaki-Sauce hinzufügen und 30 Sekunden ziehen lassen.
- Die Teriyaki-Steaks auf die Buns legen und den Kohl mit der Mayonnaise darauf verteilen. Zuklappen.

Banh-mi-Burger

In 10 Minuten vorbereitet

8 Minuten Kochzeit
1 Stunde Marinierzeit

Für 2 Personen

Buns
× 2

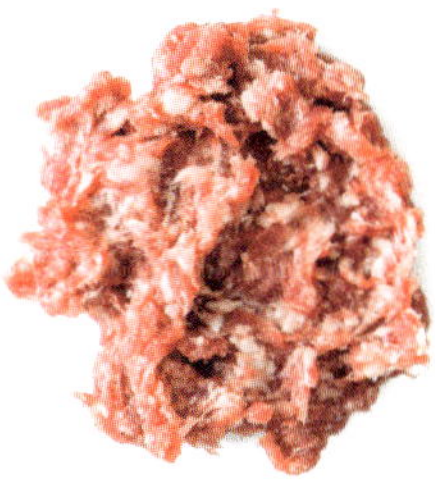

Wurstbrät
300 g

Karotten
× 2

Rohrzucker
1 Esslöffel

weißer Essig
2 Esslöffel

Koriander
¼ Bund

- Den Ofen auf 180 °C vorheizen. Die Karotten raspeln, mit Rohrzucker, dem Essig und etwas Salz mischen. 1 Stunde marinieren lassen.
- Die Buns halbieren und für 5 Minuten in den Ofen geben. Das Brät zu Steaks formen und bei mittlerer Hitze 4 Minuten an jeder Seite anbraten.
- Die Steaks auf die Buns legen, die marinierten Karotten und den Koriander hinzugeben. Zuklappen.
- Nach Geschmack Mayonnaise auf die Buns streichen.

Entenbrust mit Parmesan

In 20 Minuten vorbereitet

10 Minuten Kochzeit

Für 2 Personen

Buns
× 2

Entenbrust
300 g

Schneckenbutter
50 g

Parmesan
50 g

Feldsalat
60 g

- Die Haut von der Entenbrust entfernen, das Fleisch mit dem Messer hacken. Mit Salz, Pfeffer und 15 g geriebenem Parmesan mischen. Aus der entstandenen Masse Steaks formen. Den rest-lichen Parmesan in Stücke schneiden.
- Den Ofen auf 180 °C vorheizen. Einen Schuss Öl erhitzen und die Steaks 2 - 3 Minuten auf jeder Seite anbraten.
- Die Buns für 5 Minuten in den Ofen geben. Die Schneckenbutter 20 Sekunden in der Mikrowelle erhitzen.
- Die Buns mit der Butter beträufeln, das Steak, die Parmesanstücke und den Feldsalat darauflegen. Zuklappen.

DAUERBRENNER

Hühnerfilet mit Senf

Hühnerfilets
× 2

Senf
2 Esslöffel

Crème fraîche
4 Esslöffel

Olivenöl
2 Esslöffel

grüne Bohnen
300 g

In 15 Minuten vorbereitet

10 Minuten Kochzeit

Für 2 Personen

- Die grünen Bohnen 6 – 7 Minuten in Salzwasser kochen lassen. Abtropfen lassen und salzen.
- Das Öl in einer Pfanne bei mittlerer Hitze erwärmen. Die Hühnerfilets in die Pfanne geben und auf einer Seite goldgelb braten, anschließend wenden.
- Die Hitze zurückdrehen, Crème fraîche und Senf hinzufügen, mischen und ca. 10 Minuten braten lassen. Die Garung des Filets mit einer Messerspitze überprüfen: Der herausfließende Saft darf nicht mehr rot sein.
- Mit den grünen Bohnen servieren.

Putenfilet mit Avocado

Putenfilets
x 2

Avocado
x 1

grüne Zitrone
x 1

Crème fraîche
2 Esslöffel

Tabasco®
ein paar Tropfen

Olivenöl
1 Esslöffel

In 15 Minuten vorbereitet

10 Minuten Kochzeit

Für 2 Personen

- ○ Die grüne Zitrone pressen. Die Avocado halbieren, den Kern herausnehmen, die Haut entfernen, in Stücke schneiden und dann mit einer Gabel grob zerquetschen. Etwas Zitronensaft, ein paar Tropfen Tabasco®, Salz und Pfeffer hinzugeben.
- ○ Das Öl in einer Pfanne bei starker Hitze erhitzen. Das Fleisch für 10 Minuten auf beiden Seiten anbraten.
- ○ Wenn es durch ist, die Hitze etwas zurückdrehen und die Avocado und die Crème fraîche hinzugeben. Umrühren und sofort vom Ofen nehmen (die Avocado darf nicht kochen).

Fisch „Tahiti"

In 15 Minuten vorbereitet
30 Minuten Ruhezeit

Ohne Kochen oder Back

Für 2 Personen

Lachsfilet
x 1

Kokosmilch
150 ml

grüne Zitronen
× 2

Karotte
× 1

Gurke
× ¼

Brot
ein paar Scheiben

- 1 grüne Zitrone auspressen. Die Gräten des Fischs entfernen und den Fisch in Würfel schneiden. Auf eine tiefe Platte legen, salzen und pfeffern. Die Kokosmilch und den Saft der grünen Zitrone darübergießen. Vorsichtig mischen.
- Die Gurke und die Karotte schälen und grob raspeln. Mit dem Fisch vermischen.
- Die Marinade abschmecken und gegebenenfalls ein wenig Zitronensaft hinzufügen. 30 Minuten ruhen lassen, bis der Zitronensaft in den Fisch „eingezogen" ist. Mit Brot servieren.

Panierter Fisch

Seelachsfilets
x 2

Butter
50 g

Paniermehl
6 Esslöffel

gemischte Kräuter
ein paar Stängel

Zitrone
x 1

In 30 Minuten vorbereitet

15 Minuten Kochzeit

Für 2 Personen

- Den Ofen auf 220 °C vorheizen. Die Kräuter waschen, trocknen und hacken. Die Zitrone waschen, schaben, pressen.
- Die Fischfilets auf ein Backblech legen. Das Paniermehl darüberstreuen, salzen, pfeffern und die Kräuter hinzufügen.
- Die Butter in einem Topf schmelzen. Die Hälfte des Zitronensaft mit den Zesten hinzufügen und über den Fisch gießen.
- Für 10 – 15 Minuten in den Ofen geben (abhängig von der Dicke des Fischs). Der Fisch muss sich mit einer Gabel leicht abheben lassen und dabei fest bleiben.

Gambas mit Tomaten

In 10 Minuten vorbereitet

20 Minuten Kochzeit

Für 4 Personen

tiefgekühlte Gambas
400 g

Schalotten
x 2

Tomatenpüree
400 g

Crème fraîche
2 Esslöffel

Cognac
50 ml

Petersilie
1 kleiner Bund

- Die Schalotte in feine Streifen schneiden. Die Petersilie hacken. Etwas Öl in einem Schmortopf erhitzen und die tiefgefrorenen Gambas und die Schalotten hinzufügen. 5 Minuten kochen lassen und regelmäßig umrühren.
- Den Cognac hinzufügen (gegebenenfalls flambieren), ebenso die Tomaten, 1 Teelöffel Salz, 2 Prisen Pfeffer und die Hälfte der Petersilie.
- 20 Minuten unter Umrühren bei mittlerer Hitze kochen lassen.
- Die Crème fraîche hinzugeben, mischen und mit der restlichen Petersilie servieren.

WINCO
STAINLESS STEEL CHINA

Steak mit Blauschimmelkäse

In 10 Minuten vorbereitet

5 Minuten Kochzeit

Für 2 Personen

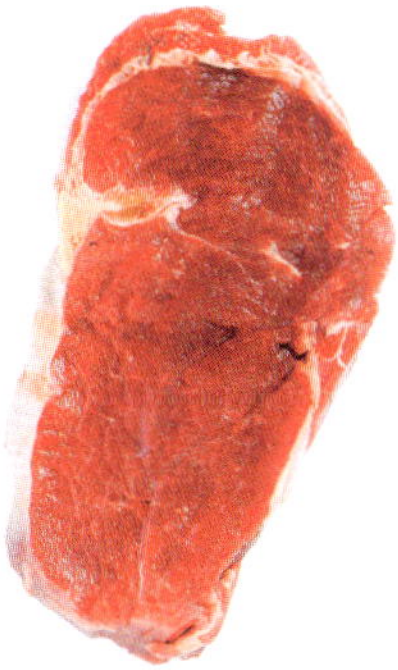

Steaks
× 2

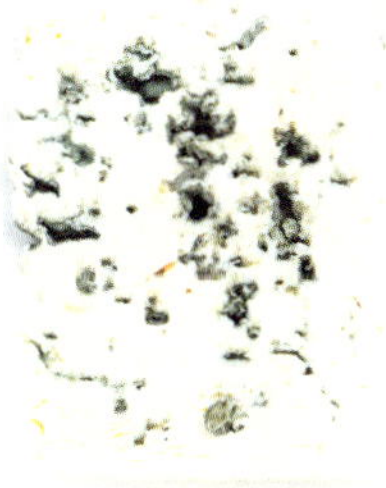

Blauschimmelkäse
100 g

Crème fraîche
150 ml

Olivenöl
2 Esslöffel

- Das Fleisch mit Öl bepinseln und dann pfeffern. Die Steaks in einer sehr heißen Pfanne bei mittlerer Hitze ca. 2 Minuten (abhängig von der Dicke) auf jeder Seite anbraten.
- Das Fleisch aus der Pfanne nehmen, salzen und mit einem Teller abdecken. Die Pfanne mit Küchenrolle auswischen und wieder auf den Herd (geringe Hitze) geben. Den Blauschimmelkäse und die Crème fraîche leicht schmelzen lassen. Etwas einreduzieren.
- Die Sauce über das Fleisch gießen und beispielsweise mit Pommes frites servieren.

Schweinefleisch mit Ananas

In 10 Minuten vorbereitet

35 Minuten Kochzeit

Für 4 Personen

Schweinegeschnetzeltes
600 g

Ananas
250 g

Tomatenpüree
250 g

Frühlingszwiebeln
x 2

Sojasauce
2 Esslöffel

neutrales Öl
2 Esslöffel

- Das Schweinefleisch in Streifen schneiden. Die Ananas in Würfel schneiden. Die Frühlingszwiebeln in feine Scheiben schneiden.
- Das Öl in einem Schmortopf erhitzen, die Schweinefleischstreifen und die Hälfte der Zwiebeln hinzufügen. 5 Minuten anbraten.
- Die Sojasauce, die Tomaten, die Ananas und 2 Prisen gemahlenen Pfeffer hinzufügen.
- 30 Minuten zugedeckt bei mittlerer Hitze kochen lassen.
- Mit den restlichen Zwiebeln servieren.

Ente mit Süßkartoffeln

In 5 Minuten vorbereitet

20 Minuten Kochzeit

Für 4 Personen

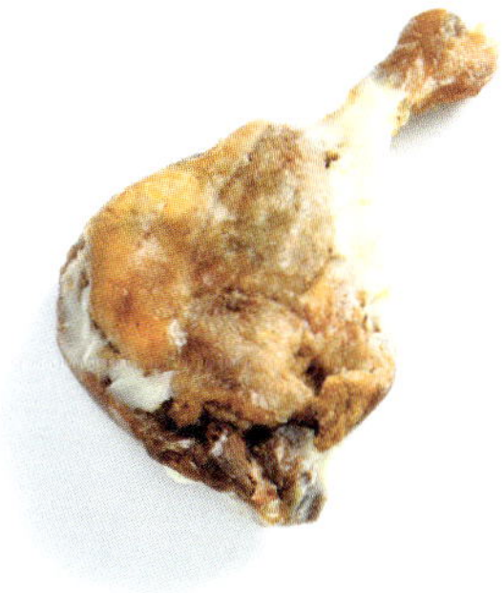

Enten-Confit
x 2 Keulen

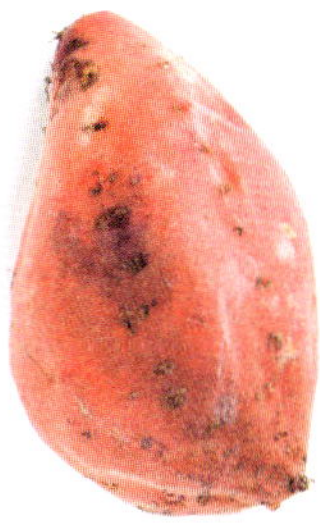

Süßkartoffel
250 g

Karotte
x 1

Zwiebel
x 1

Knoblauch
1 Zehe

Petersilie
1 kleiner Bund

- Das Gemüse schälen. Die Süßkartoffel in Würfel schneiden, die Karotte in Scheiben, die Zwiebel in feine Scheiben schneiden und den Knoblauch hacken. Die Petersilie mit einer Schere schneiden.
- Alle Zutaten in einen Topf geben (bis auf die Hälfte der Petersilie).
- Mit 500 ml Wasser bedecken. 1 Teelöffel Salz und 2 Prisen gemahlenen Pfeffer hinzugeben.
- 20 Minuten zugedeckt bei mittlerer Hitze kochen lassen.
- Mit der restlichen Petersilie servieren.

Rindfleisch mit Karotten

Rindfleisch zum Schmoren
500 g

Karotten
500 g

Rotwein
500 ml

Räucherspeck
50 g

Zwiebel
x 1

Suppengrün
x 1

In 15 Minuten vorbereitet

1 Stunde Kochzeit

Für 4 Personen

- Die Karotten schälen und der Länge nach vierteln. Die Zwiebel in feine Scheiben schneiden.
- Den Speck, die Zwiebel und das Rindfleisch in einem Schmortopf 3 Minuten anbraten.
- Karotten, Rotwein, 500 ml Wasser, Suppengrün, 1 Teelöffel grobes Salz und 2 Prisen gemahlenen Pfeffer hinzugeben.
- 1 Stunde zugedeckt bei mittlerer Hitze schmoren lassen.

Chili con carne

In 10 Minuten vorbereitet

20 Minuten Kochzeit

Für 4 Personen

Rinderhack
500 g

Paprikas
x 2

rote Bohnen
400 g

Tomatenpüree
400 g

Cayenne-Pfeffer
1 Teelöffel

Zwiebel
x 1

- Die Paprika halbieren, den Stiel und die Samen entfernen und in Streifen schneiden. Die Zwiebel in feine Scheiben schneiden.
- Das Rinderhack, den Cayenne-Pfeffer, die Paprika und die Zwiebel in einen Topf geben. 5 Minuten bei starker Hitze anbraten.
- Die Bohnen und die Tomaten, Salz und Pfeffer hinzufügen.
- 20 Minuten zugedeckt bei mittlerer Hitze kochen lassen und regelmäßig umrühren.

Gebratenes Rindfleisch mit Sesam

In 5 Minuten vorbereitet

10 Minuten Kochzeit

Für 2 Personen

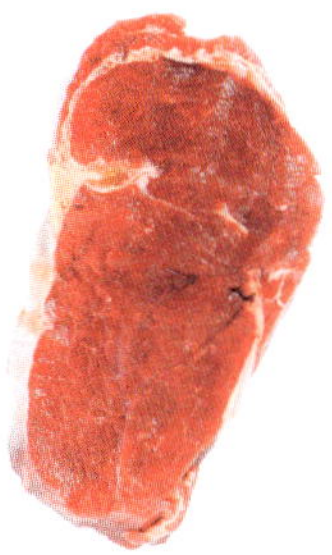

Rinderlende oder Entrecôte
200 g

Zuckererbsen
250 g

große Zwiebel
x 1

neutrales Öl
1 Esslöffel

Sojasauce
2 Esslöffel

gerösteter Sesam
1 Esslöffel

- Das Fleisch in dünne Streifen schneiden. Die Zwiebel in feine Scheiben schneiden. Das Öl in einer Pfanne erhitzen.
- Die Zwiebel und die Rindfleischstreifen hinzufügen. 1 Minute anbraten.
- Die Sojasauce und dann die Zuckerschoten und den Sesam hinzufügen.
- Unter Rühren 5 Minuten braten lassen.

Kalbfleisch mit Oliven und Salzzitrone

In 5 Minuten vorbereitet

1 Stunde 20 Minuten Kochzeit

Für 4 Personen

Kalbfleisch für Frikassee
500 g

Salzzitronen
x 2

grüne Oliven ohne Kern
200 g

Zwiebel
x 1

Kartoffeln
500 g

Olivenöl
1 Esslöffel

- ○ Die Salzzitronen in Achtel schneiden. Die Zwiebel in feine Scheiben schneiden. Die Kartoffeln schälen und in Stücke schneiden.
- ○ Das Olivenöl in einem Schmortopf erhitzen.
- ○ Das Fleisch und die Zwiebel hinzufügen. 5 Minuten anbraten lassen.
- ○ Die Oliven, die Salzzitrone und die Kartoffeln hinzugeben. Mit 750 ml Wasser aufgießen und pfeffern.
- ○ 1 Stunde zugedeckt bei geringer Hitze kochen lassen, dann öffnen und 15 Minuten bei mittlerer Hitze weiterkochen.

Thai-Schweinefleisch

In 5 Minuten vorbereitet

20 Minuten Kochzeit

Für 4 Personen

Schweinehack
500 g

Thai-Basilikum
1 Bund

Zitronengras
1 Stange

Frühlingszwiebeln
x 2

Tomatenpüree
400 g

neutrales Öl
2 Esslöffel

- Das Thai-Basilikum mit einer Schere schneiden. Das Zitronengras hacken. Die Frühlingszwiebeln in feine Scheiben schneiden.
- Das Öl in einem Schmortopf erhitzen. Das Schweinefleisch, das Zitronengras, das Basilikum und die Zwiebeln hinzufügen. Unter Rühren 5 Minuten anbraten lassen.
- Die pürierten Tomaten, 1 Teelöffel Salz und 2 Prisen gemahlenen Pfeffer hinzugeben.
- 15 Minuten unter Umrühren bei mittlerer Hitze kochen lassen. Mit rohem Gemüse und Paprika servieren (nach Geschmack).

Mangold mit Tomaten

Mangold
1 Kopf (500 g)

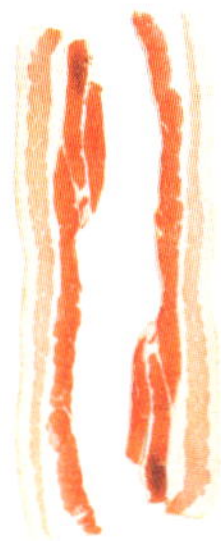

Räucherspeck
300 g

Tomatenpüree
440 g

Olivenöl
2 Esslöffel

Knoblauch
1 Zehe

Lorbeer
4 Blätter

In 5 Minuten vorbereitet

20 Minuten Kochzeit

Für 4 Personen

- Den Mangold in Stücke von 4 cm schneiden. Den Knoblauch hacken.
- Das Olivenöl in einem Schmortopf erhitzen.
- Den Räucherspeck und den Knoblauch hinzufügen. Unter Rühren 1 Minute anbraten lassen und dann den Mangold, die Tomaten und den Lorbeer hinzufügen.
- Zugedeckt 20 Minuten kochen lassen.

DESSERT

Pochierte Birnen mit Wein

Birnen
x 4

Rotwein
500 ml

Zucker
2 Esslöffel

Zimt
1 Stange

Sternanis
1 Stern

Nelken
x 2

In 5 Minuten vorbereitet

45 Minuten Kochzeit

Für 4 Personen

- Die Birnen schälen und das Kernhaus entfernen. Alle Zutaten in einen Topf geben und 250 ml Wasser hinzufügen.
- 45 Minuten zugedeckt bei schwacher Hitze kochen lassen. Die Birnen regelmäßig umdrehen.
- Bei Zimmertemperatur abkühlen lassen, dann in den Kühlschrank stellen.

Joghurt mit Honig und Früchten

In 5 Minuten fertig

Ohne Backen oder Kochen

Für 4 Personen

griechischer Joghurt
x 4

Honig
4 Teelöffel

Aprikosen
(oder Pfirsiche)
x2

ungesalzene Pistazien
20 g

ganze Mandeln
20 g

- Die Früchte in Viertel schneiden. Die Mandeln und die Pistazien grob hacken.
- Den Joghurt in 4 Schälchen verteilen. Honig daraufgießen. Mit den kalten und trockenen Früchten servieren.

Mango-Orangen-Salat

In 15 Minuten vorbereitet
1 Stunde im Kühlschrank

Ohne Backen oder Kochen

Für 4 Personen

Mango
x 1

Orangen
x 2

grüne Zitrone
x 1

Honig
3 Esslöffel

Ingwer
1 Stück von 3 cm

- Die Mango schälen und in Scheiben schneiden. Die Orangen schälen und in dünne Scheiben schneiden. Den Ingwer schälen und raspeln.
- Zuerst Zesten von der grünen Zitrone schaben, dann die Frucht auspressen und den Saft auffangen. Den Saft über die Früchte gießen. Den Honig, die Zesten von der grünen Zitrone und den Ingwer darübergeben. Leicht vermischen.
- Mindestens 1 Stunde im Kühlschrank marinieren lassen.

Bauerntarte mit Früchten

Mürbeteig
1 Rolle

Rohrzucker
2 Esslöffel

Früchte der Saison
600 g

In 30 Minuten vorbereitet

30 – 40 Minuten Backzeit

Für 4 Personen

- Den Ofen auf 180 °C vorheizen. Den Mürbeteig auf einer Platte ausrollen (das Backpapier nicht entfernen).
- Die Früchte in Stücke schneiden. Auf den Mürbeteig legen und einen Rand von 5 – 7 cm frei lassen. Mit Rohrzucker bestäuben.
- Den Teig über die Früchte klappen und 30 – 40 Minuten in den Ofen geben.

Rhabarber-Crumble

Rhabarber
1 kg

Mehl
100 g

Zucker
170 g

Butter
90 g

gemahlene Mandeln
50 g

In 15 Minuten vorbereitet

30 – 35 Minuten Backzeit

Für 4 Personen

- Den Ofen auf 180 °C vorheizen. Den Rhabarber schälen und in Stücke schneiden. Mit 50 g Zucker in einem Topf 10 Minuten zu einem Kompott kochen. Auf ein Backblech geben.
- Mehl, Zucker und gemahlene Mandeln vermischen. Die in Stücke geschnittene Butter hinzugeben und mit den Fingern die Mischung zu Streuseln vermengen.
- Das Crumble auf dem Rhabarber verteilen. 30 – 35 Minuten in den Ofen geben. Abgekühlt beispielsweise mit Crème fraîche servieren.

Karamellisierte Bananen

In 5 Minuten vorbereitet

5 Minuten Bratzeit

Für 4 Personen

Bananen
x 4

Rohrzucker oder Honig
8 Esslöffel

Butter
40 g

- Die Bananen der Länge nach halbieren, ohne sie zu schälen. Jede Bananenhälfte mit 1 Esslöffel Rohrzucker bestreuen oder mit 1 Esslöffel Honig bepinseln.
- Die Butter in einer großen Pfanne erhitzen. Die Bananen hineinlegen und die offene Seite bei mittlerer Hitze für 3 – 5 Minuten karamellisieren lassen.
- Beispielsweise mit einer Kugel Eis servieren.

Tarte Tatin

Äpfel
x 8

Mürbeteig
1 Rolle

Butter
40 g

Karamellsauce
100 ml

In 20 Minuten vorbereitet

20 Minuten Backzeit

Für 4 Personen

- Den Ofen auf 190 °C vorheizen. Die Karamellsauce in eine Backform gießen. Die Äpfel schälen, entkernen und in Viertel schneiden. Die Äpfel für 8 Minuten in Butter andünsten.
- Die Äpfel auf das Karamell legen und mit dem Mürbeteig bedecken. Den Rand nach innen klappen.
- Für ca. 20 Minuten in den Ofen geben, bis der Teig goldgelb ist und das Karamell an den Seiten hochsteigt.
- Den Kuchen aus der Form nehmen und mit Crème fraîche servieren.

Milchreis

Vollmilch
1 l

Risotto-Reis
100 g

Vanille
x 1 Stange

Zucker
90 g

In 10 Minuten vorbereitet

1 Stunde Kochzeit

Für 4 Personen

- Die Milch in einen Topf gießen, die Vanille hinzufügen. Zum Kochen bringen, den Reis hinzufügen und für 45 Minuten – 1 Stunde bei niedrigerer Hitze und häufigem Umrühren sieden lassen.
- Den Zucker hinzugeben, umrühren und die Vanillestange herausnehmen.

Cremeschnitten mit Himbeeren

In 15 Minuten fertig

Ohne Backen oder Kochen

Für 4 Personen

feine Biskuits
x 16

Schlagsahne
200 ml

Vanillepulver
1 Prise

Puderzucker
2 Esslöffel

Mascarpone
1 Esslöffel

Himbeeren
250 g

- Die sehr kalte Sahne und den Mascarpone steif schlagen und nach und nach den Puderzucker und die Vanille hinzugeben.
- Die Hälfte der Biskuits großzügig mit Creme bestreichen, die Himbeeren und die restlichen Biskuits darauflegen. Servieren.

Äpfel im Mürbeteig

Mürbeteig
2 Rollen

Äpfel
x 4

Eier
x 2

Zucker
2 Esslöffel

In 20 Minuten vorbereitet

20 Minuten Backzeit
30 Minuten Ruhezeit

Für 4 Personen

○ Den Ofen auf 210 °C vorheizen. Die Rollen leicht ausrollen. 4 Rechtecke schneiden. Die Äpfel schälen und mit Zucker bestreuen.

○ 1 Apfel auf jedes Teigrechteck setzen. Die Äpfel gut einpacken und die Ränder gut verbinden. Auf eine mit Backpapier belegte Platte setzen.

○ Den Teig mit dem mit 1 Esslöffel Wasser verrührten Eigelb bestreichen. Für 5 Minuten bei 210 °C in den Ofen geben, anschließend 15 Minuten bei 180-190 °C backen.

Cheesecakes

In 20 Minuten vorbereitet
3 Stunden im Kühlschrank

Ohne Backen oder Kochen

Für 4 Personen

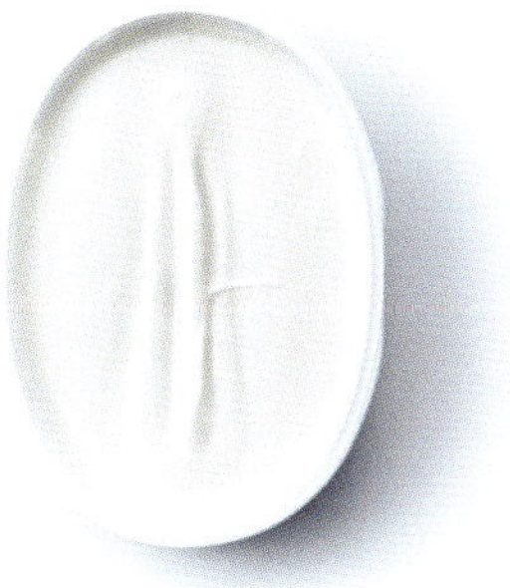

Doppelrahmkäse
150 g

Schlagsahne
150 ml

Puderzucker
4 Esslöffel

Shortbread-Kekse
x 4

Zitrone
x 1

- Die Kekse zerkrümeln und am Boden von 4 Gläsern verteilen. Den Doppelrahmkäse mit einer Gabel verrühren.
- Die sehr kalte Sahne steif schlagen und langsam den Puderzucker hinzufügen. Den Doppelrahmkäse langsam unterheben.
- Die sehr fein geschabten Zitronenzesten und den Saft einer halben Zitrone hinzugeben. In die Gläser gießen. Mindestens für 3 Stunden in den Kühlschrank geben.

Sundae mit Erdbeeren

In 15 Minuten vorbereitet
1 Stunde im Kühlschrank

Ohne Backen oder Kochen

Für 4 Personen

Erdbeeren
500 g

Orange
x 1

Grand-Marnier
1 Esslöffel

Vanilleeis
1 l

Rohrzucker
30 g

- Die Erdbeeren entstielen. Halbieren oder vierteln. Zesten von der Orange schaben und die Frucht auspressen.
- Erdbeeren, Saft und Zesten der Orange, Grand-Marnier und Rohrzucker mischen. 1 Stunde im Kühlschrank oder an einem kalten Ort marinieren lassen.
- Die Erdbeeren in 4 Schalen verteilen und mit dem Eis servieren.

Was macht man womit?

ANANAS
Grünes Curry mit Avocado............83
Schweinefleisch mit Ananas.........110

APRIKOSEN
Joghurt mit Honig und Früchten... 119

ÄPFEL
Äpfel in Mürbeteig........................127
Bauerntarte mit Früchten 121
Karotten und Apfel 17
Quinoa mit Würstchen und Apfel ..62
Tarte tatin 124

ARTISCHOCKEN
Artischocken und Rucola 15
Kartoffeln mit Artischocken
und speck 65

AUBERGINEN
Aubergine, Tomaten und
Mozzarella 92
Parmigiana 60
Provenzalische Suppe 13
Süßkartoffeln mit Bohnen 95

AVOCADO
Guacamole 2
Grünes Curry mit Avocado............83
Gurke und Guacamole...................72
Putenfilet mit Avocado 105
Schwarzer Reis, Kohl und
Shrimps 46

BANANE
Karamellisierte Bananen 123
Spinat-Curry...................................82

BARBECUE-SAUCE
Nuggets-Burger.............................99
Burger mit Zwiebelringen........... 100

BASILIKUM
Curry met Seeteufel und
Zitronengras 88
Pesto-suppe 18
Nudeln mit Thunfisch 74
Parmigiana 60
Sauerampfer und Basilikum 20
Spaghetti mit Mini-Frikadellen 81
Tomaten, Oliven und Basilikum 12

BIRNE
Pochierte Birnen mit Wein............ 118

BLÄTTERTEIG
Äpfel in Mürbeteig........................127
Bauerntarte mit Früchten 121
Tarte tatin 124

BLAUSCHIMMELKÄSE
Steak mit Blauschimmelkäse....... 109
Bulgur mit Kurbis und
Blauschimmelkäse 57
Butternut-Kürbis, Nüsse und
Blauschimmelkäse 56

BLUMENKOHL
Blumenkohl mit Ziegenkäse
und Schinken 61
Indisches Gemüse..........................84
Reis mit gebratenem
Blumenkohl 50

BROKKOLI
Brokkoli und Ingwer 11
Nudeln, Erbsen und Eier 27

BULGUR
Bulgur mit Kürbis und
Blauschimmelkäse 57
Supersalat mit Hünchen 42

CAMEMBERT
Gefüllter Camembert 8

CAYENNE-PFEFFER
Chili con carne.............................. 113

CHAMPIGNONS
Gefüllte Champignons 51
Miso-Suppe mit Champignons.......31
Polenta mit champignons.............53
Vollkornweizen, Rote Bete
und Feta 40

CHILI PULVER
Pikant geröstete Nüsse 1

CHORIZO
Chorizo und Zuckererbsen 28
Weiße bohnen mit Chorizo 91

COUSCOUS
Grillgemüse mit Couscous............52

CURRY
Dorsch mit gelbem Curry...............32

CURRYPULVER
Hokkaido-Kürbis und Linsen 55
Kalbs-Curry....................................90
Miesmuscheln mit Curry................85
Rougail mit Tintenfisch..................86
Spinat-Curry...................................82
Weiße Bohnen mit Chorizo 91
Wintersuppe 37

DILLE
Krebse, Nudeln und Dill.................35
Melone, Huhn & Feta 41

DORSCH
Dorsch mit gelbem Curry...............32

EIER
Äpfel in Mürbeteig........................127
Kartoffeln mit Speck und Ei.............68
Nudeln, Erbsen und Eier 27
Thunfisch mit Mayonnaise............97
Tagliatelle Carbonara 80
Vollkornweizen, Karotten und
Eier...49
Zucchini, Schinken und Käse 66

ENTEN-CONFIT
Ente mit Süßkartoffeln 111

ENTENLEBER
Entenbrust mit Parmesan 103

ERBSEN
Erbsensuppe..................................23
Indisches Gemüse..........................84
Karotten und Klößchen 30
Nudeln, Erbsen und Eier 27
Reis mit gebratenem
Blumenkohl 50

ERDBEEREN
Gurke, Erdbeeren und
Ziegenkäse 38
Sundae mit Erbeeren.................... 129

ERDNÜSSE
Thai-Sellerie...................................39

FALAFEL
Falafel-Burger................................93

FEIGEN
Gefüllter Camembert 8
Olivenpaste mit Feigen und
Minze..4

FENCHEL
Fenchel, Karotten und Zitrone 63
Kickererbsen und Lachs................45

FETA
Linguine mit Sardinen 78
Linsen, Rote Bete und Kürbis 44
Melone, Huhn und Feta 41
Provenzalische Suppe 13
Vollkornweizen, Rote bete
und Feta 40

FISCHSTÄBSHEN
Fischstäbchen mit Kräuter-
mayonnaise 96

FRÜHLINGSZWIEBELN
Karotten und Klößchen 30
Lachs-Bouillon mit Tofu 14
Nudeln mit Zucchini und Minze.....70
Phô mit Rindfleisch........................33
Reis mit gebratenem
Blumenkohl................................50
Spaghetti mit Ziegenkäse
und Oliven..................................77
Thai-Schweinefleisch 116
Thunfisch mit Crème Fraîche 5
Thunfisch mit Mayonnaise............97
Zaziki mit Granatapfel......................6

GARAM MASALA
Indisches Gemüse..........................84
Korallenlinsen 24

GARNELEN
Gambas mit Tomaten 108
Schwarzer Reis, Kohl und Shrimps 46
Surf & turf 98

GEGRILLTES GEMÜSE
Grillgemüse mit Couscous 52

GEMÜSEFRÜHLINGSROLLEN
Chinesische Suppe 25

GRÜNE CURRYPASTE
Curry mit Seeteufel und Zitronengras 88
Grünes curry mit Avocado 83
Grünes curry mit Fisch 87

GRÜNE LINSEN
Quinoa mit Linsen und Spinat 58

GRÜNE PEPERONI
Boeuf Teriyaki 101

GRÜNE ZITRONEN
Fisch "tahiti" 106
Gurke und Guacamole 72
Guacamole 2
Kickererbsen und Lachs 45
Lachs-Bouillon mit Tofu 14
Mango-Orangen-Salat 120
Putenfilet mit Avocado 105

GURKEN
Falafel-Burger 93
Fisch "tahiti" 106
Gurke, Erdbeeren und Ziegenkäse 38
Gurke und Guacamole 72
Kickererbsen und Lachs 45
Vollkornweizen, Karotten und Eier 49

HACKSTEAK
Burger mit Zwiebelringen 100

HIMBEEREN
Cremeschnitten mit Himbeeren 126

HONIG
Joghurt mit Honig und Früchten 119
Karotten, Honig und Orange 59
Mango-Orangen-Salat 120

HÜHNERFLEISCH
Chinesische Suppe 25
Hühnerfilet mit Senf 104
Melone, Huhn und Feta 41
Nuggets-Burger 99
Tom kha gai 19
Supersalat mit Hünchen 42

HUMMUS
Falafel-Burger 93

INGWER
Brokkoli und Ingwer 11
Mango-Orangen-Salat 120
Phô mit Rindfleisch 33
Suppe mit Karotten, Kokos und Ingwer 21

KALBSFLEISCH
Kalbs-Curry 92
Kalbsfleisch mit Oliven und Salzzitrone 115

KAPERN
Nudeln mit Thunfisch, Kapern und Zitrone 79

KARAMELL
Tarte tatin 124

KAROTTEN
Banh-mi-burger 102
Eintopf 69
Ente mit Süßkartoffeln 111
Fenchel, Karotten und Zitrone 63
Fisch "tahiti" 106
Karotten und Äpfel 17
Karotten, Honig & Orange 59
Karotten und Klößchen 30
Minestrone 34
Reis mit gebratenem blumenkohl 50
Rindfleisch mit karotten 112
Suppe mit Karotten, Kokos und Ingwer 21

KARTOFFELN
Grenaille-Kartoffeln mit Spinat 54
Kartoffeln mit Artischocken und Speck 65
Kalbs-Curry 90
Kalbsfleisch mit Oliven und Salzzitrone 115
Kartoffeln mit Speck und Ei 68
Sauerampfer und Basilikum 20

KICKERERBSEN
Hummus 3
Kickererbsen und Lachs 45
Supersalat mit Hühnchen 42

KLÖSSCHEN
Karotten und Klößchen 30

KNOLLENSELLERIE
Wintersuppe 37

KOCHSCHINKEN
Zucchini, Schinken und Käse 66

KOKOSMILCH
Curry mit Seeteufel und Zitronengras 88
Dorsch mit gelbem Curry 32
Fisch "Tahiti" 106
Grünes curry mit Avocado 83
Grünes curry mit Fisch 87
Hokkaido-Kürbis und Linsen 55
Indische Gemüse 84
Kokos-Phô 26
Korallenlinsen 24
Suppe mit Karotten, Kokos und Ingwer 21
Thom Kha gai 19

KORALLENLINSEN
Hokkaido-Kürbis und Linsen 55
Korallenlinsen 24

KORIANDER
Brokkoli und Ingwer 11
Grünes Curry mit Avocado 83
Grünes Curry mit Fisch 87
Guacamole 2
Gurke und Guacamole 72
Kalbs-Curry 90
Korallenlinsen 24
Lachs-Bouillon mit Tofu 14
Orecchiette mit Tomaten 73
Spinat-Curry 82
Supersalat mit Hühnchen 42
Thai-Sellerie 39
Tikka Masala mit Lachs 89
Thom Kha gai 19

KREBSFLEISCH
Krebse, Nudeln und Dill 35

KÜRBIS
Bulgur mit Kürbis und Blauschimmelkäse 57
Butternut-Kürbis, Nüsse und Blauschimmelkäse 56
Hokkaido-Kürbis und Linsen 55
Kürbis und Ravioli 29
Rosenkohl und Butternut-Kürbis 64
Wintersuppe 37

KÜRBISKERNE
Karotten und Äpfel 17
Pikant geröstete Nüsse 1

LACHS
Fisch "tahiti" 106
Grünes Curry mit Fisch 87
Lachs-Bouillon mit Tofu 14
Lachs-Farfalle mit Spinat 75
Tikka Masala mit Lachs 89

MAIS
Chorizo und Zuckererbsen 28
Krebse, Nudeln und Dill 35

MANDELN
Joghurt mit Honig und Früchten 119
Pikant geröstete Nüsse 1
Spinat und Kiri® 16

MANGO
Mango-Orangen-Salat 120
Mango und Curry-Creme 43

MANGOLD
Mangold mit Tomaten 117

MAYONNAISE MIT KRÄUTERN
Fischtäbchen mit Kräuter-mayonnaise 96

MAYONNAISE
Boeuf Teriyaki 101
Nuggets-Burger 99
Surf & turf 98
Thunfisch mit Mayonnaise 97

MELONEN
Melone, Huhn und Feta 41

MIESMUSCHELN
Miesmuscheln mit Curry 85

MINZE
Dorsch mit gelbem Curry 32
Grillgemüse mit Couscous 52
Kickererbsen und Lachs 45
Nudeln mit Zucchini und Minze 70
Olivenpaste mit Feigen und Minze 4
Thai-Sellerie 39

MISO
Chinesische Suppe 25
Miso-Suppe mit Champignons 31
Nudeln, Erbsen und Eier 27
Provenzalische Suppe 13
Ramen und Rüben 36

MOZZARELLA
Marinierter Mozzarella 7
Parmigiana 60
Aubergine, Tomaten und Mozzarella 92

NUDELN
Express-Spaghetti 76
Krebse, Nudeln und Dill 35
Kürbis und Ravioli 29
Lachs-Farfalle mit Spinat 75
Linguine mit Sardinen 78
Minestrone 34
Nudeln mit Thunfisch 74
Nudeln mit Thunfisch, Kapern und Zitrone 79
Nudeln mit Zucchini und Minze 70
Orecchiette mit Tomaten 73
Spaghetti mit Ziegenkäse und Oliven 77
Tagliatelle Carbonara 80

OLIVEN
Fenchel, Karotten und Zitrone 63
Kalbsfleisch mit Oliven und Salzzitrone 115
Olivenpaste mit Feigen und Minze 4
Spaghetti mit Ziegenkäse und Oliven 77
Tomaten, Oliven und Basilikum 12

ORANGEN
Karotten, Honig und Orange 59
Mango-Orangen-Salat 120
Sundae mit Erdbeeren 129

PAPRIKA
Chili con carne 113
Chorizo und Zuckererbsen 28
Orecchiette mit Tomaten 73
Thai-Sellerie 39

PARMASCHINKEN
Minestrone 34

PARMESAN
Entenbrust mit Parmesan 103
Gefüllte Champignons 51
Karotten und Klößchen 30
Minestrone 34
Pesto-Suppe 18
Spaghetti mit Mini-Frikadellen 81
Tagliatelle Carbonara 80
Zucchini, Pesto und Tomate 71

PECANNÜSSE
Pikant geröstete Nüsse 1

PESTO
Brot mit Ziegenkäse und Pesto 9
Pesto-Suppe 18
Zucchini, Pesto und Tomate 71

PETERSILIE
Artischocken und Rucola 15
Ente mit Süßkartoffeln 111
Gambas mit Tomaten 108
Polenta mit Champignons 53
Spaghetti mit Ziegenkäse und Oliven 77

PINIENKERNE
Pesto-Suppe 18
Sauerampfer mit Basilikum 20

PISTAZIEN
Gefüllter Camembert 8
Joghurt mit Honig und Früchten 119

POLENTA
Polenta mit Champignons 53

PUTE
Putenfilet mit Avocado 105

QUINOA
Quinoa mit Linsen und Spinat 58
Quinoa mit Würstchen und Äpfel 62
Spinat und Kiri® 16

RAMEN-NUDELN
Ramen und Rüben 36

RÄUCHERLACHS
Kickererbsen und Lachs 45

REIS
Schwarzer Reis, Kohl und Shrimps 46
Spinat-Curry 82

REISNUDELN
Chinesische Suppe 25
Dorsch mit gelbem Curry 32
Kokos-Phô 26
Phô mit Rindfleisch 33

RHABARBER
Rhabarber-Crumble 122

RICOTTA
Spinat-Curry 82

RINDFLEISCH
Chili con carne 113
Gebratenes Rindfleisch mit Sesam 114
Phô mit Rindfleisch 33
Rindfleisch mit Karotten 112
Spaghetti mit Mini-Frikadellen 81
Steak mit Blauschimmelkäse 109

ROSENKOHL
Rosenkohl mit Schinken 67
Rosenkohl und Butternut-Kürbis 64

ROTE BETE
Ramen und Rüben 36
Rote Bete und Hummus 94

ROTE BOHNEN AUS DER DOSE
Express-Spaghetti 76
Grünes curry mit Avocado 83
Nudeln, Erbsen und Eier 27

ROTE PEPERONI
Express-Spaghetti 76
Nudeln, Erbsen und Eier 27
Phô mit Rindfleisch 33

RÜBEN
Eintopf 69

SALBEI
Quinoa mit Würstchen und Äpfel 62

SARDELLEN
Olivenpaste mit Feigen und Minze 4

SARDINEN IN OLIVEÖL
Sauerampfer und Basilikum 20

SAUERAMPFER
Sauerampfer und Basilikum 20

SCHALOTTEN
Gambas mit Tomaten 108
Miesmuscheln mit Curry 85
Quinoa mit Würstchen und Äpfel 62
Rougail mit Tintenfisch 86

SCHECKENBUTTER
Entenbrust mit Parmesan 103

SCHINKEN
Rosenkohl mit Schinken 67
Tagliatelle Carbonara 80

SCHNITTLAUCH
Cremeschnitten mit Himbeeren 126
Kürbis und Ravioli 29
Schwarzer Reis, Kohl und Shrimps 46
Vollkornweizen, Karotten und Eier 49

SCHWEINEFLEISCH
Kartoffeln mit Artischocken und Speck 65
Kartoffeln mit Speck und Ei 68
Mangold mit Tomaten 117
Schweinefleisch mit Ananas 110
Thai-Schweinefleisch 116
Wintersuppe 37

SEELACHS
Panierter Fisch 107

SEETEUFEL
Curry mit Seeteufel und Zitronengras ... 88

SESAM
Gebratenes Rindfleisch mit Sesam ... 114
Miso-Suppe mit Champignons ... 31

SPECK
Kartoffeln mit Artischoken und Speck ... 65
Kartoffeln mit Speck und Ei ... 68
Mangold und Tomaten ... 117
Rosenkohl und Butternut-Kürbis ... 64

SPINAT
Grenaille-Kartoffeln mit Spinat ... 54
Grünes Curry mit Fisch ... 87
Hokkaido-Kürbis und Linsen ... 55
Minestrone ... 34
Quinoa mit Linsen und Spinat ... 58
Ramen und Rüben ... 36
Spinat-Curry ... 82
Spinat und Kiri® ... 16

SPROSSEN
Surf & Turf ... 98

STANGENSELLERIE
Thai-Sellerie ... 39

STREICHKÄSE
Spinat und Kiri® ... 16

SÜSSKARTOFFELN
Ente mit Süßkartoffeln ... 111
Indisches Gemüse ... 84
Süßkartoffeln mit Bohnen ... 95

TAHINI
Hummus ... 3

TERIYAKI-SAUCE
Boeuf teriyaki ... 101

THAI-BASILICUM
Thai-Schweinefleisch ... 116

THUNFISCH
Nudeln mit Thunfisch ... 74
Nudeln mit Thunfisch, Kapern und Zitrone ... 79
Thunfisch mit Crème Fraîche ... 5
Thunfisch miet Mayonnaise ... 97

THYMIAN
Kartoffeln mit Speck und Ei ... 68
Rosenkohl mit Schinken ... 67
Zwiebelsuppe ... 22

TINTENFISCH
Rougail mit Tintenfisch ... 86

TOFU
Lachs-Bouillon mit Tofu ... 14
Miso-Suppe mit Champignons ... 31

TOMATEN UND KIRSCHTOMATEN
Brot mit Ziegenkäse und Pesto ... 9
Burger mit Zwiebelringen ... 100
Chili con carne ... 113
Falafel-Burger ... 93
Gambas mit Tomaten ... 108
Guacamole ... 2
Grillgemüse mit Couscous ... 52
Gurke und Guacamole ... 72
Korallenlinsen ... 24
Krebse, Nudeln und Dill ... 35
Nudeln mit Thunfisch ... 74
Nuggets-Burger ... 99
Orecchiette mit Tomaten ... 73
Parmigiana ... 60
Rote Bete und Hummus ... 94
Rougail mit Tintenfisch ... 86
Schweinefleisch mit Ananas ... 110
Thunfisch mit Mayonnaise ... 97
Tomaten, Oliven und Basilikum ... 12
Weiße bohnen mit Chorizo ... 91
Zucchini, Pesto und Tomate ... 71

VANILLE UND VANILLE-IJS
Cremeschnitten mit Himbeeren .. 126
Sundae mit Erdbeeren ... 129

VINAIGRETTE
Gurke, Eerbeeren und Ziegenkäse ... 38

VOLLKORNWEIZEN
Vollkornweizen, Karotten und Eier ... 49
Vollkornweizen, Rote bete und Feta ... 40

WEISS- UND ROTKOHL
Boeuf Teriyaki ... 101
Schwarzer Reis, Kohl und Shrimps ... 46

WEISS- UND ROTE BOHNEN
Chorizo und Zuckererbsen ... 28
Eintopf ... 69
Weiße bohnen mit Chorizo ... 91
Süßkartoffeln mit Bohnen ... 95

WEIZENNUDELN
Miso-Suppe mit Champignons ... 31
Nudeln, Erbsen und Eier ... 27

WURSTBRÄT
Banh-mi-burger ... 102
Kokos-Phõ ... 26
Surf & turf ... 98

ZIEGENKÄSE
Blumenkohl mit Ziegenkäse und Schinken ... 61
Brot mit Ziegenkäse und Pesto ... 9
Gurke, Erdbeeren und Ziegenkäse ... 38
Spaghetti mit Ziegenkäse und Oliven ... 77

ZUCCHINI
Erbsensuppe ... 23
Provenzalische Suppe ... 13
Zucchini, Pesto und Tomate ... 71
Zucchini, Schinken und Käse ... 66

ZUCKERERBSEN
Burger mit Zwiebelringen ... 100
Chorizo und Zuckererbsen ... 28
Gebratenes Rindfleisch mit Sesam ... 114

ZWIEBEL UND ZWIEBELRINGE
Burger mit Zwiebelringen ... 100
Weiße bohnen mit Chorizo ... 91
Zwiebelsuppe ... 22

Die Originalausgabe:
Apéro Super Facile, Soupe Super Facile, Salade Super Facile, Légume Super Facile, Un Plat Super Facile, Curry Super Facile, Burger Super Facile, Prix Mini Super Facile, Énergie Super Facile, Dessert Super Facile

Dieses Buch ist eine Komposition der folgenden Titel:
Tapas, Suppen, Salate, Gemüse, Alles aus einem Topf, Currys, Burger, Preiswert kochen, Energy Food, Dessert

Hambakenwetering 8B
5231 DC 's-Hertogenbosch
Niederlande
www.librero-ibp.com

Produktion der deutschsprachtigen Ausgabe:
Tanja Timmerman vertaling & redactie
Übersetzung: Judith Muhr

ISBN: 978-94-6359-127-0

Printed by GPS in BiH, GRA112025